汲古選書 29

# 陸賈『新語』の研究

福井重雅 著

# 陸賈『新語』の研究　目次

# 陸賈『新語』の研究

# 第一節　『新語』考証・研究略史

信信、信也。疑疑、亦信也。古之学者、成于善疑、今之学者、画于不疑。

信を信ずるは、信なり。疑を疑うも、亦信なり。古の学者は、疑いを善くするに成《みの》り、今の学者は、疑わざるに画《かぎ》る。

――楊慎『丹鉛続録』序――

## 序　言

王充『論衡』書解篇につぎの一節がある。

高祖既に天下を得、馬上の計未だ敗れざるに、陸賈新語を造るや、高祖粗《ほぼ》納采す。呂氏横逆して、劉氏将に傾かんとす。陸賈の策に非ずんば、帝室寧《やす》んぜざらん。

ここにいう陸賈『新語』が、今日伝存する『新語』二巻十二篇とされている。しかし今本『新語』は陸賈の手筆になる作品と認定してよいであろうか。この研究は本書を根本的に再検討することを目的とする試論である。

撰者の陸賈は秦末漢初の学者。高祖と文帝に出仕し、太中大夫に任命された官僚でもある。その伝記は『史記』巻九七陸賈列伝（以下、『陸賈列伝』と略称）と『漢書』巻四三陸賈伝に収められているが、両者の間の記載内容にはほとんど相違はない。(1)その『新語』の撰述にいたる経緯は、『陸賈列伝』に記載されるつぎの有名な文中に見出される。

陸生時時前《すす》み説くに詩書を称す。高帝之れを罵りて曰く、廼公は馬上に居りて之れを得たり。何ぞ詩書を事とせんや、と。陸生曰く、馬上に居りて之れを得たらんも、寧《いずく》んぞ馬上を以て之れを治む可けんや。……。秦は刑法を任《もち》いて変ぜず、卒に趙氏を滅ぼす。郷《さき》に秦をして已に天下を併するや、仁義を行ない、先聖に法《のっと》らしむれば、陛下安《いずく》んぞ得て之れを有《たも》たんや、と。高帝懌《よろこ》ばずして慙ずる色有り。迺ち陸生に謂いて曰く、試みに我が為に秦の天下を失ないし所以、吾《われ》の之れを得たる所以の者は何たるか、及び古《いにしえ》の成敗の国を著せ、と。陸生迺ち存亡の徴を麤述し、凡そ十二篇を著す。一篇を奏する毎に、高帝未だ嘗て善しと称せずんば非ず。左右万歳を呼ばう。其の書を号《なづ》けて新語と曰う。

陸賈の発言にはいかにも戦国時代の遊説家の遺風を髣髴とさせるものがあるが、『新語』が一書にまとめられるにいたったいきさつは、いささか〝芝居〟がかっていて、実際に右のような事実にもとづいて成立した著作であるとは信じがたい。しかし末尾の「太史公曰く」の文中に、「今陸生の新語の書十二篇を読むに、固《まこと》に当世の弁士なり。平原君の子に至りては、余と善し。是こを以て具《つぶさ》に之れを論ずるを得たり」と擱筆されているから、この伝記が平原君朱建の子の中大夫意から直接耳にした話を底本とした作文であることがわかる。ただし文中の朱建・朱意の年代から推して、ここにいう「余」は司馬遷ではなく、その父談であると考えられているが、(2) いずれにせよ、そこには多分に誇張した部分はあるものの、(3)『新語』がここに伝えられるような〝風変わり〟な事情や背景の下に作成されたことは否定できない。『論衡』佚文篇に、「陸賈の新語、一篇を奏する毎に、高祖の左右、称して万歳と曰う。夫れ其の人を嘆思すると、喜んで万歳と称するとは、豈《あに》空しく為す可けんや。誠に其の美を見、懽気内に発すればなり」とあるように、後漢初期においても、『陸賈列伝』の記載内容は事実として信用されている。したがって『新語』の成書に関する逸話は、それなりの根拠のあることであって、全くの創作や虚構の産物ではない。この事実は『新語』全体を考察するさいに、まず最初に念頭に置くべき前提条件の一つとなるはずである。

周知のように、古来、この『新語』は問題の多い著作とされ、その真偽問題をめぐって、今日なお甲論乙駁の絶えない状態にある。したがって第二節においてあらためてその真偽問題について検討することになるが、そのためにはこれまで本書をめぐってどのような考証や研究が行なわれてきたか、そのあらましについて整理概観を試みる必要があるのではなかろうか。以下、中国と中国以外の各国の順序にしたがって、その論争の大要や経緯について一瞥することにしたい。(4)

## 一　中国における『新語』の真偽論争

中国史上、最初に『新語』の真贋について言及したのは、おそらく南宋は宝祐四年（一二五六）の進士黄震であろう。すなわちその『黄氏日鈔』（以下、『日鈔』と略称）第五六において、彼は「新語、十二篇。……。然れども其の文煩細にして、陸賈豪傑の士の言う所に類せず」と述べたのちに、

> 又第五（弁惑）篇に云う、今上に明正《ママ》の聖主無く、下に貞正の諸侯無く、奸臣賊子の党を（誅）鉏す、と。其の上文を考うるに、魯の定公の為にして発すと雖も、豈宜しく大漢の方に隆《さか》んならんとするの日に言うべき所ならんや。賈の本旨の天下は馬上を以て得可けんも、馬上を以て治む可からざるの意を謂うが若きは、十二篇に咸《みな》焉れ無し。則ち此の書は陸賈の本真に非ざるに似たるなり。

と説くのがそれである。すなわちここでは一つは高祖の面前における発言としての不自然さ、二つは当時の治世に関する具体的な発言の欠如という二点を挙げて、その真作であることを疑問視している。

他方、黄震とほぼ同時代の淳祐元年（一二四一）の進士王応麟『玉海』巻五五芸文著書と『漢書芸文志攷証』巻五儒文の項を見ると、『新語』の「今に存する者は、道基、術事、輔政、無為、資賢《ママ》、至徳、懐慮の纔かに七篇のみ」と寸言されるように、宋代の版本の一部に欠損があり、それに対して不信感をいだく見解が存在したようである。(5) このような断簡的な文章から推察すると、宋代末期において、『新

語』は一部の学者の注目するところとなったが、その真偽については不分明の状態に置かれていたことが知られる。

明代になると、むしろ『新語』の真作説が有力視されるようになったようである。すなわち現存する『新語』の最古の版本は、明の弘治十五年（一五〇二）に上梓されたいわゆる李廷梧本であるが、そこに付載される銭福「新刊新語序」を見ると、右の黄震の疑義には一切触れることなく、『新語』の文章や内容は、「その言既に（司馬）遷の伝と合し、而して篇次今に至るまで譌《あやま》らず。且つ雄偉粗壮にして、漢中葉以来の及ばざる所」であり、「其の真本為ること疑い無し」と断言される。同様にこの李廷梧本に付刻される都穆「新語後記」も、右の銭福とほぼ同じ論調をとっている。また「陸子題辞」、范大沖「陸賈新語序」の二篇は、いずれも万暦年間（一五七三〜一六一九）前半に叢書類に収刻された『新語』の題辞や序文であるが、そこにはそれを偽作視するような文言を見出すことはできない。さらに帰有光編『諸子彙函』巻一二雲陽子（陸賈）題辞に、「著す所の書は号《なつ》けて新語と曰う。其の卓識は宏議にして、漢儒の主唱為《た》り」とあるのも、同様に『新語』真作説の一つに数えられる。

しかし明代後半の万暦十年（一五八二）に上梓された胡維新『両京遺編』に、「余按ずるに、陸賈は短長を習う者なり。然れども断雕破觚の初めに当たりて、気は輪屯して流れず、詞は奔鬱して炫《かがや》かず」と批評される。また明末の天啓六年（一六二六）に刊行された叢書『快書』を見ると、その編者の閔景賢は朱君復『諸子斟淑』に付記する「新語題辞」において、「今伝わる所の新語は、乃ち和雅典則、漢初の文気と類せず。疑うらくは、東漢の人の贋作ならん」と推定している。真作説が盛況であったはずの明代においても、なおいぜんとして偽作説が根強く残っていた痕跡を示している。

下って清代に入ると、『新語』に対する評価は大きく一変する。とくに『新語』をめぐる真贋論争に決定的な影響をあたえたのは、乾隆三十七年（一七七二）に奉勅撰された『四庫全書総目提要』巻九一子部儒家類新語（以下、『提要』と略称）の解題であった。すなわちそれはあらためて具体的な偽作説を主張しているが、その論拠はおよそつぎの三点に要約される。㈠、『漢書』巻六二司馬遷伝（以下、『司馬遷伝』と略称）の賛に、「遷は戦国策、楚漢春秋、陸賈新語を取りて史記を作る」と記されている。しかし『楚漢春秋』は「今佚して考う可から」ざる状態にあるが、(6)『戦国策』は「九十三事を取り、皆今本と合す」るにもかかわらず、「惟だ是の書の文のみ、悉く史記には見え」ないこと、㈡、『論衡』本性篇に、「陸賈曰く」云々の文章が引用されているが、「今本に亦其の文無」く、それに該当する一節が存在しないこと、㈢、『春秋穀梁伝』（以下、『穀梁伝』と略称）は、武帝時代に「始めて出」た書物であるにもかかわらず、その断簡が「道基篇の末」尾などに引用されていること自体、「時代尤も相牴牾《あい》」することと、以上の三か条である。

そして『提要』は「其れ殆ど後人の依託にして、（陸）賈の原本に非ざる歟」と結論付けたのちに、『意林』や『文選』李善注などに引用される『新語』は、「今本を以て核校するに、文句に詳略異同有りと雖も、而るに大致は亦悉く相応ず」るから、「其の偽は猶唐の前に在るに似たり」として文を結んでいる。その詳細については、再度、第二節で取り上げることになろう。

郭伯恭氏の研究(7)によると、実際に『提要』の子部の編集を担当したのは、庶吉士編修官の周永年であるとされるが、その考証を信用するならば、当該の『新語』の解題は彼によって執筆された公算が高い。なお同時代の乾隆年間（一七三六〜九五）の進士王謨は、『漢魏叢書』に収録する『新語』について「識語」や「総評」を寄せているが、『提要』の解題との前後関係は不明であるにせよ、それを偽作と見なす立場をとっていない。さらに同じく乾隆年間の挙人周広業は、『意林』の付注の中で『新語』を引用したのちに、「按ずるに此れ漢人の著書の始めなり」と寸言していることも付記しておきたい。

この『提要』の解題を直接名指しして批判したわけではないが、はじめて本格的にこれに対して異論を唱えたのが、嘉慶年間（一七九六〜一八二〇）の挙人厳可均であった。すなわちその『鉄橋漫稿』巻五新語叙を見ると、まずはじめに『新語』の篇巻や版本について言及したのちに、現行の諸篇の佚文が『文選』所引の詩の注などにほぼ同文として引用されていることを指摘する。そして『論衡』本性篇に引用される「陸賈曰く」以下の文言が、現行の『新語』の文中に見当たらないとされるが、「論衡は但だ陸賈と云うのみにして、新語とは云わず」と解釈して、それは『新語』以外の別の「陸賈」の文章を引用したままでのことであると述べる。

さらに『新語』道基篇に引用される『穀梁伝』は、「乃ち是れ穀梁の旧伝」であるから、「故に今の伝に此の文無し」というのは、むしろ当然のことであると論駁する。そして「漢代の子書」として、『新語』は「最も純にして最も早」い「卓然たる儒者の言」説であると称揚する。これは嘉慶二十年（一八一五）に執筆された叙説であるが、その中で『提要』の示した疑義の㈡と㈢に対して、反論を試みていることに注意される。それとは明記しないものの、厳可均が『提要』の解題を対象として、自らの真作説を披瀝していることは疑いない。(8)

なお嘉慶・道光年間（一八二一〜五〇）の学者周中孚は、その『鄭堂読書記』巻三六子部上儒家類新語の中で、「新語二巻。……。其の大旨は崇王黜覇を主とし、修古用人に帰す。則ち陸賈の原本に非ずと雖も、而るに固《もと》より儒家の正軌に忝《は》じず」と述べる。また同治年間（一八六二〜七四）の挙人譚献『復堂日記』巻四は、「陸賈の新語を閲《けみ》するに、義富み文密に、七十子の緒言あるも、必ずしも陸生の創る所に非ず。篇体頗る東方朔に似たる者有りて、而も法語多しと為す」と述べる。(9)消極的ながら、これらは『新語』の陸賈真撰説に対して否定的な見解を示した著作である。

このような『新語』の真贋をめぐる論議は、中華民国の成立後もなお未決着のまま引き継がれた。たとえば唐晏「陸子新語校注序」が、その注疏において、『史記』巻六秦始皇本紀に記される「鹿を謂いて馬と為す」という一節を取り上げて、この趙高に関する有名な逸話は、『新語』弁惑篇の「鹿を以て馬と為す」という故事に取材したものであると主張するなどがその典型である。他方、梁啓超『中国近三百年学術史』と『諸子考釈』(10)は、その典型的な反対論である。すなわち氏は前者において、「全部偽絶対決定者」の著作として、「陸賈新語、賈誼新書」の二作を挙げ、その夾注に「晋以後の人の偽撰」

と記し、また後者において、「原佚而後人偽託或補竄」の項目を設け、その書物の筆頭に「陸賈」を挙げつつ、その注に「隋唐間の偽補に似たり」と付記している。ただしその結論にいたる経緯については、一切言及されていない。

一九三〇年代に入ると、『新語』をめぐる真贋問題は、俄然、活況を呈するにいたった。まずその先鞭をつけたのは、胡適の論文「陸賈新語考」(11)であった。その最大の論点は、さきに挙げた『提要』の解題における疑点の㈠を対象として、

今提要の第一点を按ずるに、全く是れ無的放矢なり。提要の作者は実は漢書司馬遷伝の原文を誤記す。原文は並《とも》に未だ陸賈に提及せず、亦未だ新語にも提及せざりき。遷伝の賛中に、司馬遷は左氏国語（漢紀十四は左氏春秋国語と引く）に拠り、世本戦国策を採り、楚漢春秋を述（漢紀は引きて逮に作る）べ、其の後事を接《つ》ぎて、天漢に訖《いた》ると説けり。此の文中に何ぞ嘗て陸賈の新語に拠りて史記を作るの話有らんや。

と論定し、『新語』を『史記』の祖本の一つであるとする説は、実は『司馬遷伝』の賛中に存在しないことをあらためて〝発見〟したことにあった。いいかえれば、胡適は司馬遷が『新語』を原典として『史記』を修撰したという『提要』の解題は、『司馬遷伝』の賛文を誤って引用した結果にもとづくものであるとして、「又倫懶して原文を検《けみ》せず、遂に誤記の書に拠りて、以て新語を後人の依託に出づと定む。豈大いなる冤枉に非ずや」と非難している。このような『提要』の犯した重大な過誤は、余嘉錫氏

の指摘するように[12]、おそらく南宋末の学者高似孫『子略[13]』巻三戦国策の項に、

班固は太史公は戦国策、楚漢春秋、陸賈新語を取りて史記を作ると称す。三書は一たび太史公の采択を経て、後の人遂に以て天下の奇書と為す。

とある文章を〝鵜呑み〟にして、そのまま引用したことに起因するものであろう。

実はこの『子略』における誤記は、上記の周中孚が『鄭堂読書記』巻一において、すでに「高氏」の「其の誤り已に甚」しく、『新語』が「太史公の采択する所の者為《た》ること有るを見ず」云々と指摘していることなのである。おそらく『提要』の解題者は、『司馬遷伝』の原文を覆考することなく、自己の記憶力を過信したまま、不注意に『子略』の「誤記」した文章を転載したにちがいない。胡適はこれら『子略』や『鄭堂読書記』の存在には気付かなかったようであるが、いずれにせよ、『提要』の解題が例示した『新語』の疑問点は、彼の新しい〝発見〟によって、あらためてその信憑性が逆に立証された形になったわけである。そしてのちに胡適は「述陸賈的思想[14]」を発表し、自らの証明した真作説の立場に立って、陸賈論を展開している。

前述のように、『提要』の解題の挙げた三つの疑問点のうち㈡と㈢については、すでに『鉄橋漫稿』の中で駁論がなされていたが、ここにおいて残る㈠に対しても、強力な反証が加えられることになった。しかもとくにこの㈠の疑問点によって、『新語』は長い間いわれなき誤解を蒙ってきただけに、胡適による〝発見〟を一つの契機として、その真偽問題は一挙に真本説に有利に傾斜する結果となった。この

非偽書説をほぼ同時に継承したのが、羅根沢「陸賈新語考証」[15]であり、これら先人の諸論考を独自に集大成したのが、余嘉錫『四庫提要弁証――新語――』[16]（以下、『弁証』と略称）であった。

すなわち前者は厳可均の「其の証は甚だ確かにして、其の弁も亦悉《つく》せり」と賛同しつつ、なお『鉄橋漫稿』の反論だけでは不十分であると考えたらしく、それを補強する意味から、『元和姓纂』巻一〇一屋部穀梁所引の『尸子』と『太平御覧』巻六一〇学部四春秋の項所引の桓譚『新論』の二書の佚文を援用して、元来、『穀梁伝』は古本十五巻として存在していたのであるから、「新語の引く所は今本に見えざるも、当に古本に在るべきこと疑う可き者無し」と主張する。そして『新語』に記述される「学術思想も亦陸賈に全く同じ」内容であると解釈して、「故に其の決して陸賈の書為るを知るなり」と結論付けている。

一方、後者は『提要』の解題が疑問とする三点のうち、㈠と㈡に対する反論は、主として厳可均と胡適の所説を転用しつつ、二、三の自説を補足する。とくに㈢の『穀梁伝』の引用の問題については、先人の所見を集成しながら、浮邱伯は荀子の門弟の穀梁学者であるが、この浮邱伯こそ『新語』資質篇に記名される鮑丘と同一人物にほかならないと関連付ける。[17]したがって同時代人である両者の関連からして、陸賈が『穀梁伝』を引用すること自体、「異とするに足」りない当然の成り行きであると論述する。さらに『新語』弁惑篇の「夾谷の会」、至徳篇の「魯の荘公」の悪政、明誡篇の「聖人」の善政などの挿話は、いずれも『穀梁伝』を典拠としていると主張して、『提要』の解題の「始創」した『新語』の偽作説は、論「拠と為すに足」りない謬説であるとして、真向からこれを排斥している。

他方、これらの真作説に対して、ほぼ時を同じくして、㈠、張西堂「陸賈新語弁偽」(18)、㈡、呂思勉「蒿廬札記」(19)、㈢、孫次舟「論陸賈新語的真偽」(20)という三つの偽作説が発表されている。㈠は主として劉師培の研究(21)を援用しつつ、「今の新語に拠りてこれを攷うるに、(陸)賈は公羊の義に従う者なれば、輔政、無為、至徳、懐慮、明誠の諸篇は、均しく公羊の誼を述ぶ」云々と説き、『新語』の篇中に『穀梁伝』が引用されていること自体、「其の疑う可き一」つの理由であるとする。そしてそれにさらに二点の疑義を追加したのちに、「其れ諸《これ》劉歆の偽造する所の者ならんや」とまで憶測している。㈡は『新語』思務篇に、「堯は蚩尤の失を承《う》く」と記されているが、そのようないわば「堯承蚩尤」という発想は、緯書においてはじめて出現するものであると論じて、「今の《新語》は決して偽書なり」と断定する。

また㈢はその冒頭から、「現行の陸賈新語十二篇も亦偽書なり」という一文をもって起筆し、「六事」からなる疑問点を列挙して考証した結果、「茲に綜《す》ぶる六証は並びに甚だ確実にして、新語の偽書たること当に疑い無かる可し」と断言している。なお直接『新語』を主題とした作品ではないが、これらの論考に介在して、金徳建「司馬遷所見書考叙論」(22)が発表されている。それによると、「按ずるに、今本の新語は偽物にして、史遷の見る所は実は楚漢春秋を指す」という一説が提起されているが、『新語』を「偽物」と見なす点において、この論文もまた偽作説に属する一篇に数えることができる。

右に挙げた論考のうち、胡適・羅根沢・余嘉錫・張西堂・孫次舟の執筆になる各篇は、いずれも『古史弁』に掲載された作品である。この『古史弁』を中心に、一九三〇年代は『新語』の真贋をめぐって、疑古弁疑の論争が活潑に推し進められた時代であったといってよいであろう。(23)

中華人民共和国の成立以後、一時、中断された感のあった『新語』の研究は、一九六〇年代を境として、中国（本土・台湾・香港）において、しだいに復活するようになった。しかしその一々の内容の紹介は省略して、従来の研究を真作説と偽作説とに大別して、以下、近年にいたるまでの中文による『新語』関係の論考を年代順に一覧しておきたい。（なお直接真偽問題に触れることなく、はじめから『新語』を漢初の作品と見なして立論している論著も、真作説の中に含まれる）。

**〈図表〉近四十年中国における『新語』研究一覧**（シンガポールを含む）

——真作説——

1　胡玉縉・王欣夫『四庫全書総目提要補正』上冊巻二七子部儒家類新語二巻（中華書局、一九六二年）

2　熊公哲「両漢儒家諸子之研討」（『国立政治大学学報』一五、一九六七年）

3　王仁祿「今伝西漢諸子遺籍考」第一章儒家一新語（国立台湾師範大学『国文研究所集刊』一一、一九六七年）

4　梁栄茂『陸賈新語研究』（台湾大学中文研究所、一九六四年）
5　同　氏「漢初儒生陸賈的生平及其著述」（『孔孟月刊』六―九、一九六八年）
6　賀凌虚「陸賈的政治思想」（『思与言』六―六、一九六九年。のちに同氏『中国古代政治思想論集』所収、霧峰出版社、一九七〇年）
7　林源河「陸賈新語真偽考」（『新加坡南洋大学亜州文化研究所研究報告集刊』一九七五、一九七五年）
8　徐復観「漢初的啓蒙思想家――陸賈――」（『大陸雑誌』五二―二、一九七五年。のちに同氏『増訂両漢思想史』巻二所収、台湾学生書局、一九七一年）
9　陳坤筆「〈新語〉研究」（『弘光護専学報』一九七五―三、一九七五年）
10　施之勉「書《漢初的啓蒙思想家陸賈》後」（『大陸雑誌』五二―五、一九七六年）
11　呉力行「陸賈政治思想研究」（『中華文化復興月刊』一〇―一一、一九七七年）
12　銭　穆「読陸賈新語――読書随劄――」（『大陸雑誌』三八―五、一九六九年。のちに同氏『中国学術思想史論叢』三所収、東大図書有限公司、一九七七年）
13　王更生「陸賈」（王寿南主編『中国歴代思想家』二所載、台湾商務印書館、一九七七年）
14　同　氏「陸賈及其学術思想之探究」（『師大学報』二二上、一九七七年）
15　同　氏「陸賈其人其事」（『中央日報』一一、一九七八年五月九日）
16　同　氏「漢初学術思想界先駆――陸賈――」（『中華文化復興月刊』一三―九、一九八〇年）

17　陳継儒「陸賈新語粋言」（同氏『古今粋言』所収、香港大学馮平山図書館、一九七八年）

18　李鼎芳「陸賈《新語》及其思想論述――《新語会校注》代序――」（『河北大学学報』〈哲学社会科学〉一九八〇―一、一九八〇年）

19　蘇誠鑒「陸賈《新語》的真偽及其思想傾向」（『中国古代史論叢』一九八一―一、一九八一年。のちに鄭良樹編著『続偽書通考』転載、台湾学生書局、一九八四年）

20　張志哲・羅義俊「論《新語》的黄老思想」（『江漢論壇』一九八一―六、一九八一年）

21　銭宗捷・冀宇「試談陸賈的《新語》」（『歴史教学』一〇、一九八一年）

22　葛栄晋「陸賈」（『中国古代著名哲学家評伝』上篇所載、斉魯書社、一九八二年）

23　李偉国「陸賈《新語》的一処錯簡」（『中華文史論叢』一九八二―四、一九八二年）

24　張岱年「陸賈《新語》和賈誼《新書》」（同氏『中国哲学史史料学』第三章両漢哲学史科所収、生活・読書・新知三聯書店、一九八二年）

25　劉建国「陸賈的思想史料」（『中国哲学史史料学概要』第三編第六章所載、吉林人民出版社、一九八三年）

26　周乾濚「陸賈研究」（『秦漢史論叢』二、一九八三年）

27　羅義俊「陸賈在漢初政策転変中的貢献」（『中国古代史論叢』七、一九八三年）

28　王利器「陸賈新語論」（『中華文史論叢』一九八四―二、一九八四年）

29　同　氏『新語校注』前言（北京中華書局、一九八六年）
30　魏元珪「陸賈与賈誼対漢初政治思想与文化之貢献」上・下（『中国文化月刊』七二・七三、一九八三・八四年）
31　李春光「評陸賈《新語》」（『遼寧大学学報』〈哲学社会科学〉六六、一九八四年）
32　熊鉄基「新語是漢初新道家的代表作」（同氏『秦漢新道家略論考』所収、北京人民出版社、一九八四年）
33　方松超「陸賈新語校記」（『香港浸会学院学報』一一、一九八四年）
34　朱義禄「陸賈倫理思想簡論」（『道徳与文明』一一、一九八五年）
35　肖　力「新語」（商聚徳他編『中国哲学名著簡介』所載、河北人民出版社、一九八五年）
36　趙　捷「従《新語》看陸賈的政治思想」（『遼寧大学学報』〈哲学社会科学〉七四、一九八五年）
37　劉修明「漢代統治思想選択的重要環節――浅談陸賈思想的時代条件和歴史作用――」（『中国史研究』文摘、中州古籍出版社、一九八五年）
38　趙　靖「陸賈」（『平准学刊』中国社会経済史研究論集一、一九八五年）
39　張志哲「陸賈〝新語〟考述」（呉沢主編『中国史学集刊』一、一九八七年）
40　林　風「陸賈与漢初政治」（『史学月刊』一九八八―三、一九八八年）
41　王興国「陸賈的弁証法思想」（『求索』一九八九―四一、一九八九年）

42　辜美高『陸賈《新語》序論』（新加坡新社、一九九〇年）
43　湯其領「漢初〝無為之治〟源于陸賈」（『史学月刊』一九九一—四、一九九一年）
44　楊樹藩「陸賈思想的研究」（国立政治大学中文所系主編『漢代文学与思想学術研討会記念論文集』所載、文史哲出版社、一九九一年）
45　安培生「補新語四条早期引用文」（『大陸雑誌』八五—四、一九九二年）

——偽作説——

1　張心澂「新語」（同氏『偽書通考』上冊子部儒家類所収、上海商務印書館、一九五七年・修訂版）
2　戴君仁「論賈誼的学術並及其前後的学者」（『大陸雑誌』三六—四、一九六八年。のちに同氏『梅園論学集』所収、台湾開明書店、一九七〇年）
3　黄雲眉「賈誼新書」（同氏『古今偽書考補証』有真書雑以偽者所収、斉魯書社、一九八〇年）
4　金徳建「《新語》的成書時代」（『中国古代史論叢』七、一九八三年）
5　同　氏「《新語》的流伝和産生時代」（同氏『司馬遷所見書考』五〇所収、上海人民出版社、一九八三年）
6　徐朔方「関于陸賈的《新語》」（同氏『史漢論叢』所収、江蘇古籍出版社、一九八四年）

## 二　日本・欧米における『新語』の真偽論争

日本における『新語』の研究は、中国の哲学史や思想史の中で副次的に言及される以外、近年までこれを主題とする専論は必ずしも豊富ではなかった。古くは桂湖村（五十郎）『漢籍解題』[24]があるが、「而して今本欠字多く、読む可からざる者あり、其古書たる此事を以ても証左と為すことを得べし」（一六九頁）と述べられるように、そこでは真作説がとられている。興味あることは、このように『新語』に対する評価は、まず最初に補注や解題という形式を借りて出現したことであり、津田左右吉氏や児島献吉郎氏の述作がその好例である。

すなわち前者はその論文「易に関する一二の考察[25]」の中で、本文の中では『新語』について論ずることなく、後注に「付記」としてそれを取り上げ、「今、世に行はれてゐる陸賈の新語（道基および術事の篇）に『後聖乃定五経、明六芸、』また『校修五経之本末』の句があつて、其の五経は六経から楽を除いたものであり、六芸はそれを含んだ六経を指してゐるのかと思はれるが、もしさうとすれば、これは易が漢初から既に儒教の経典になつてゐたことを示すもののやうである。が、この書は、世に既に其の説のある如く、陸賈の原本とは思はれないから、さうはいひかねる。慎微の篇に『入深山求神仙』の語があるが、こんなことは陸賈の時代にいはれるはずが無い」（一二五頁）と論断している。文中に「世に既に其の説のある如く」というのは、具体的に何を指しているのか不明であるが、この一説は日本における偽作説の嚆矢ともいうべき代表的な寸評であるといってよい。

他方、後者は『新語』の訳注の「解題」(26)の中で、「故に現今伝ふる所の新語は、固より完書に非ずして、誤字あり、脱文あり、錯簡も亦甚だ多し。……。故に書中の文意に通じ難き所あるは、皆脱誤の結果にして、作者不文の罪に非ざるなり。……。蓋し戦国以後、秦漢興亡の事蹟を叙ぶるもの、実に三書(『戦国策』『楚漢春秋』『新語』──福井注)に若くはなし。故に予は西漢の文章を論じ、陸賈を推して創業文学の巨擘なりと曰はむとす」(序文三頁)と述べ、ほぼ『新語』を陸賈の作品であると見なしている。前者と対照的に、この一文は本書を真作視する初期の論述の一つに挙げることができよう。(27)

概説書の一種ではあるが、『新語』に対して最初に本格的な論評を下したのは、おそらく狩野直喜氏であろう。氏はその『中国哲学史』(28)の中で、『提要』の示した疑点を挙げたのちに、「提要の如きは、之を後人の手に成つた証拠であるとする。しかしながら、此の如きことは他の書にも例のあることであつて、此の書を完全なるものとすることが出来ぬと同時に、又、全部を偽書となすのも篤論となすことは出来ぬ」(二六七頁)と論じ、消極的ながら折衷的な真本説の立場をとっている。(29)

この解釈を継承して、金谷治氏は「陸賈と婁敬──漢初儒生の活動(一)──」(30)において、『新語』の篇数や『提要』の解題の内容などを検討した結果、「恐らくは、今日の『新語』は、伝記にしるされた十二篇のそれではないのであろう」(二六六頁)と疑問視しながらも、「恐らくは後人による改竄もあるには相違なかろうが、本伝の記述や時代の一般的思想状況などから斟酌していくなら、今本十二篇は陸賈その人の思想をみる資料として、ほぼ申し分のないものであろうと思う」（二六七頁）と述べて、条件付きながらも、真本説に近い見解をとっている。この金谷氏の結論は、日本における『新語』の研究に大きな影響をあたえ、以後、その真作説の支持者は、いずれもこれを一つの重要な論拠として〝祖述〟し、立論するにいたっている。

『新語』の真作説を積極的に唱導したのは、宮崎市定氏である。氏はまず「陸賈新語道基篇の研究」(31)において、前述の胡適「陸賈新語考」における〝発見〟を高く評価し、その成果にもとづいて、『新語』は「偽書ではな」（三二五頁）く、「原来甚だ整斉として論理の通った議論であったらしい」（同上）と主張する。そして「考証を文字の枝葉に止まらしめず、条理の線に沿って、もっと大胆に本文の校訂を試みるべきだという主張」（三二六頁）を掲げ、実際にその道基篇に校訂と訳文をほどこしたのちに、「漢代の人人には、自分等は従来と異った新しい世代に生きているという自信が強かった。……。書物の名にも『新語』に始まって、賈誼の『新書』、劉向の『新序』と新字のつくものが多く、遂には王莽の『新』王朝の出現にまで到達した。『新』はそれほどに、西漢人の理想であり、憧憬の的であったのであり、それを開いたのは実に陸賈の思想であったともいえるのである」（三三六頁）と力説している。さらに氏はこの論文を骨子として、「陸賈『新語』の研究」(32)を発表し、『新語』の全文の「校訂と翻訳」を完成するとともに、陸賈の思想を分析した結果、「『新語』は、漢代最初の著書たる光栄を荷うものであ」

（三八〇頁）るとまで揚言している。おそらくこの宮崎氏の結論は、日本における『新語』の真作説を代表する最大級の賛辞といってよいであろう。

一九七〇年代以降、直接間接に、『新語』をめぐる研究があいついで発表された。まず内山俊彦「漢初儒家における自然認識と政治意識――陸賈・賈誼・韓嬰を中心として――」(33)は、中国では厳可均・唐晏ら五名の学者、日本では狩野氏・金谷氏の諸説に依拠して、「この書は大体において、陸賈の思想を表現したものとみることができる」（二四四頁）と約言する。また松島隆裕「陸賈『新語』の聖人と君主」(34)は、宮崎・金谷両氏ら「先学諸氏の本文校訂の成果をふまえて、可能な限り陸賈の思想を解明する」という立場をとる。さらに堀池信夫『漢魏思想史研究』(35)は、金谷説の一部を是認して、右の二論とほぼ同様の見解を示している。(36)

これらの諸作と前後して、一九七〇年代末から八〇年代末にかけて、相原俊二氏によって、『新語』をめぐる二篇の論文が発表されている。前者の「前漢前期の学問の展開」(37)では、氏は「現本は陸賈の自著ではないが漢代の作ではあろう」と簡単に言及し、また後者の「漢初の覇者について（その二）――『新語』と『新書』――」(38)では、『新語』は「陸賈個人の著と言うより、他の多くの古典と同様に陸賈を含めた漢初の思想を伝えながら徐々にまとまっていったと見るのが妥当な見解ではないだろうか」と要約する。そして王覇の用例などを吟味して、「道基篇の成立は荀子の後学陸賈の時よりもっと遅い時期のものではなかろうか」という推測を述べて、『新語』の漢初成立説に対して部分的否定の立場をとっている。

　とくにこの論文において注目されるのは、氏がこのように『新語』の作者複数説ともいうべき見解を提示している点である。すなわちその道基篇では、

　斉の桓公は徳を尚びて以て覇たり。秦の二世は刑を尚びて亡ぶ。故に虐行わるれば則ち怨み積もり、徳布《し》かるれば則ち功興る。

とあるように、斉の桓公は秦の二世皇帝と対比されて、徳をもって覇者となったと記されている。ところが無為篇を見ると、

　斉の桓公は婦人の色を好み、姑姉妹を妻とし、而して国中多く骨肉に淫す。

と述べられるように、斉の桓公に対する評価が背反している。これら二篇の文章の相違に着目し、さらにいくつかの考証を加えたすえに、氏は「この両篇は別人の手になると考えるのが妥当ではなかろうか」と述べ、「恐らくこのことは」、『新語』が陸賈「個人の手によって全篇が著作されたことを意味しない」と論ずる。斉の桓公に関しては、その評価が毀誉褒貶あい半ばする点を顧慮しなければならないが、もしこの氏の説にしたがうならば、陸賈の単独になる『新語』の著述という視点は、根本的に再検討されなければならないであろう。

　これら二篇に介在して発表されたのが、宇野茂彦「陸賈新語札記――思想史の観点より見たる――」[39]である。この論文は、『陸賈新語』の文献批判について一通りの回顧をしてみ」た結果、「余嘉錫の説

は定論といふべきであらう」として、さらに宮崎氏・金谷氏の所説を追加する。そして「以上見てきたやうに『新語』は確かにかなり伝統的な儒家思想を述べてゐるのであってその議論の中に黄老道家の用語や概念、或は法家的歴史観が入ってゐるのは、要するにそれが当時の思潮であって無視できないものであったことが推知されるのであり、『新語』は、それを自己の論の中に組入れて、儒家思想の新しい説き方を示したといふことであらう」と総括する。

一九九二年には、期せずして『淮南子』との関連を中心に、『新語』を考察した三篇の論文が著されている。その一は、有馬卓也「『新語』の統治理念――『淮南子』とのかかわりを中心に――」[40]であり、この一篇は上掲の宮崎市定氏らの「諸研究の成果により、おおむね現行本『新語』は陸賈自身の著作と認められ、原本とほぼ同一のもの、もしくは『漢書』芸文志の『陸賈二十三篇』の残巻であるとの一応の結果が得られている」（二七二頁）とする。そして右の宇野氏の一節を引用して、「この結論は、当時の状況を正しく捕らえたものであり、大筋では異論を唱える余地はない」（二七八頁）と高く評価したのちに、本書と『淮南子』との相似ないし相違する諸点を論述する。

その二は、田中麻紗巳「陸賈の道家説について」[41]であり、それは余嘉錫氏の論考などにもとづいて、「現本の『新語』は陸賈の著作と見なしてよかろう」と述べ、「『新語』と『淮南子』とを併読すると、両書に通じ合う考え方や相似た記述のある」ことを指摘し、『淮南子』の道家説は「『新語』を継承する」ものと推測する。その三は、楠山春樹「儒家における無為の思想」[42]であり、この論文は『新語』無為篇に関連して『淮南子』に触れつつ、「文献学上の問題も無くはないようである」（四一七頁）が、「同じ内容が『淮南子』泰族訓に見えることから推すと、少なくとも本篇は前漢初期の思想と見て差支えないようであり、また高祖への上書を仮想しての論であったと解してよいであろう」（同上）と想定して、いわば限定的な真作説の立場を明らかにする。これらはいずれも〝無意識〟にか『淮南子』は『新語』以後の作品と見なす点において共通している。

これら三篇と先後して発表されたのが、斎木哲郎「漢代思想文献のとり扱いについて――陸賈『新語』・賈誼『新書』・劉向『新序』『説苑』の書誌学的考察――」(43)および「陸賈と『新語』――その儒家思想史における位置づけ――」(44)の二篇の論文である。すでに氏は「董仲舒と『春秋穀梁伝』――西漢穀梁学の一断面――」(45)の注（6）において、余嘉錫・金谷治両氏の論考を背景に、「『新語』を漢初の思想状況の一端を忠実に伝えるものとして扱うことにはいささかの不都合もない」と述べているが、これら二篇はあらためて自らの結論を敷衍した作品である。すなわち前者において、氏は『提要』と張西堂・孫次舟らの「ほぼ今日陸賈『新語』の偽書説を形成する主な論点」について一々反駁を加えた結果、「現行本『新語』に対する一連の疑惑は払拭されたであろう」と自負し、「現行本『新語』は陸賈が高祖に差し出した『新語』十二篇であるとみてよいであろう」と断定する。また後者において、氏は「今日伝わる『新語』は概ね陸賈の著述と考えてよい」（三六一頁）という前提に立って、『新語』各篇の内容を紹介しつつ、その思想の諸相について概説する。(46)以上、狩野氏から斎木氏にいたるまで、およそ十五篇にのぼる作品を点検してきたが、中国と同様、日本においても『新語』の研究は真撰説が圧倒的多数を占めていることが明らかにされる。

欧米においては、陸賈と『新語』については、寥々たる論考があるにすぎない。しかし一九三〇年、本書がアンネマリー＝フォン＝ガバインによって、『君主の鏡――陸賈の新語――』(47)として独訳されていることは興味深い。フランスの東洋学者ポール＝ペリオはこの訳書について『通報《トゥンパオ》』誌上に書評を(48)寄せているが、彼はその本文の中では、「それゆえ現行の『新語』が唐初に知られていた『新語』と本質的に同じものであることは疑いない」と認めながらも、その脚注において、「しかしこのことは、もちろん、七世紀に存在していた『新語』が漢代のそれであることを意味するものではない」と主張する。そしてその証拠として、彼は『穆天子伝』巻二の郭璞の注に、「黄帝四海を巡遊し、昆侖山に登りて、宮室を其の上に起つ。新語に見ゆ」とある一節と『列子』巻三周穆王の張湛の注に、「陸賈新語に云う」として引用される同様の文章を見出し、これに該当する一節が現行の『新語』の文中に存在しないことを指摘する。これを論拠として、ペリオは「原本の『新語』は四世紀初頭以降に散逸し、現行の『新語』は七世紀初頭以前にそれに取って替わった」(49)ものと推定して、『新語』を偽作視する口吻を漏らしている。

秦漢時代の思想・学問を述べるさいに副次的に触れる以外に、(50)欧米における陸賈や『新語』の研究は右の訳書や書評以来、長い間空白状態に置かれてきたようである。しかし一九八八年、中国系シンガポール人の学者メイガオ＝グ（辜美高）氏によって、『中国行政の鑑――陸賈の『新語』――』[51]とでも邦訳すべき英文の著作が公刊された。この著書は『新語』全篇の英訳と注釈を中心に、陸賈と『新語』のもつ諸問題を網羅的に取り上げた作品であり、参考論文の引用もかなり豊富である。氏はその中に『『新語』の真憑性』という一節を設け、従来の各種の真作説を是認し、偽作説の一々に論駁を加えつつ、最後に「各時代の学者によって提起されたさまざまの論議を子細に検証した結果、私は陸賈の『新語』は偽作ではないという結論を下すにいたった」（二三頁）と結文している。一九九〇年、氏は中文・英文による『陸賈《新語》序論』[52]を刊行しているが、その英訳版が右の著作を基礎に作成された作品であることはいうまでもない。

このののちマイケル＝ローウェイ編『中国古代遺籍――文献案内――』[53]が刊行された。それは「新語」の項を立て、主に上掲の宮崎氏の二論文を援用して本書を解題しているが、真偽の判定についてはなお慎重を期している。

以上、中国を中心に、日本・欧米を補足しながら、現在にいたるまでの『新語』の考証・研究について整理概観してきた。その結果明らかにされるように、『新語』の真贋論争においては、とくに中国では真作説が絶対的多数を占め、日本・欧米においても、それが一般的傾向となっていることに変わりはないようである。それでは『新語』は基本的には陸賈撰になる前漢極初の史料であると認定してよいであろうか。このような観点からあらためてほぼ衆目の一致する真作説に対して再検討を試みるとき、そこにはなおいくつかの未処理、未解決の問題が残されているように思われる。ここで節をあらためて、つぎに『新語』の真贋問題について検証を加えることにしよう。

## 注

（1）両書の陸賈伝の比較と校合には、王利器『新語校注』付録四史記漢書陸賈伝合注（中華書局、一九八六年）が便利である。

（2）王国維「太史公行年考」（同氏『観堂集林』巻一一所収）、顧頡剛「司馬談作史」（『周叔弢先生六十生日記念論文集』、一九五一年。のちに同氏『史林雑識』所収、中華書局、一九六三年）などを参照。なお佐藤武敏「司馬談と歴史」（『中国史研究』八、一九七八年。のちに増補されて、同氏『司馬遷の研究』第二章所収、汲古書院、一九九七年）は、「酈生・陸賈の部分は司馬談が作った列伝に、後に司馬遷が手を加えてでき上がったのではないかと推測される」（七七頁）とする。いわゆる司馬談作史説については、同書の研究小史に詳述されている。

（3）白川静「中国の古代文学（二）」第一章〔史記〕の世界（『白川静著作集』中国の古代文学所収、平凡社、二〇〇〇年）は、「このはなはだ要領を得ない論賛は、一体（司馬）遷の手筆なのであろうか。……。陸賈の『新語』をよんで『当世の弁士』と評するなども、遷にふさわしくないことである」（二九六頁）と不審感を漏らしている。

（4）以下の略史を作成するに当たって、張心澂『偽書通考』（商務印書館、一九五七年）、王仁祿「今伝西漢諸子遺籍考」（国立台湾師範大学『国文研究所集刊』一二、一九六七年）、注（1）所引王氏著書の三つの論考を参考にした。なお厳霊峯編『周秦漢魏諸子知見書目』（正中書局、一九七八年）に、『新語』に関する詳細な書目が見られる。

(5)　ただし狩野直喜『中国哲学史』第四篇第一章第二部陸賈（岩波書店、一九五三年）や余嘉錫「四庫提要弁証——新語——」（『師範大学国学叢刊』一—二、一九三〇年。のちに『古史弁』第四冊上篇所載、一九三〇年。さらに同氏『四庫提要弁証』巻一子部一儒家類一所収、中華書局、一九七四年）によると、右の『黄氏日鈔』には十二の篇目が列挙され、その一々の大要が略述されている点から推して、王応麟の目にした『新語』七篇は、一種の流布本であったと考えられている。

(6)　ただし洪邁『容斎三筆』絳灌の条を見ると、「楚漢春秋は陸賈の作りし所にして、皆当時の事を記す。而るに言う所は多く史と合せず」とあるように、『楚漢春秋』が『史記』の底本の一つであるとする説については、すでに宋代から疑問がもたれている。したがって陸賈の著作について検討するさいには、『新語』とともにこの『楚漢春秋』をも研究の対象にしなければならないが、論証の煩雑化を避けるために割愛する。

(7)　郭伯恭『四庫全書纂修考』（『国立北平研究所史学研究会専刊』所載、一九三七年。のちに『人人文庫』所収、台湾商務印書館、一九六二年。さらに存萃学者論集『《四庫全書》之纂修研究』所収、大東図書公司、一九八〇年）

(8)　これ以後、『漢魏叢書』（九十四種本）、『浮溪精舎叢書』などが公刊されるにおよんで、そこに収録される『新語』に対して、上述の王謨「陸賈新語識語」をはじめ、戴彦升「陸子新語序」、宋翔鳳「新語校本題記」、唐晏「陸子新語校注序」などがあいついで公刊されているが、その序文や題記という性格からして、それらの中には『新語』を偽書とするような見解は示されていない。

(9)　なおこれらの諸書の上梓と前後して、兪樾『読書余録』巻二新語（『春在堂全書』曲園叢書四所収、光緒八年重訂本、一八八二年）およびその門下生の孫詒譲『札迻』巻七新語（『孫籀廎先生集』第三冊所収、芸文印書館、一八九五年）などがあり、『新語』諸篇の文章に校勘をほどこしている。

（10）梁啓超『中国近三百年学術史』一四清代学者整理旧学之総成績（二）、同氏『諸子考釈』漢志諸子略各書存佚真偽表

（11）胡適「陸賈新語考」（『国立北平図書館館刊』四―一、一九三〇年。のちに同氏『胡適文存』三巻七所収、亜東図書館、一九三〇年。さらに『古史弁』第四冊上篇所収、一九三二年）。訳文には敢えて漢文体の書き下し文を用いた。

（12）注（5）所引余氏論考

（13）高似孫とその著作については、洪業「高似孫史略箋正序之一」（『史学年報』一―五、一九三三年）、高振鐸「高似孫対前四史研究的総結――《史略》初探」（『中国歴史文献研究集刊』三、一九八三年）、石田肇「高似孫撰『史略』に関する基礎的考察」（『群馬大学教育学部紀要』人文・社会科学編三五、一九八五年）、周天游『《史略》校箋』（書目文献出版社、一九八七年）、孔繁錫・張新民「高似孫〈史略〉研究」（『貴州師範大学学報』（社会科学版）、一九九三―四）などがある。ただし『子略』に関する論考は、管見に入らない。

（14）胡適「述陸賈的思想」（『張菊生先生七十生日記念論文集』所載、上海商務印書館、一九三八年）

（15）羅根沢「陸賈新語考証」（『学文』一、一九三〇年。のちに『古史弁』第四冊上篇所収、一九三六年。さらに同氏『諸子考索』所収、北京人民出版社、一九五八年）

（16）注（5）所引余氏論考

（17）武内義雄『中国思想史』（原題『支那思想史』、岩波書店、一九三六年）上世期（上）諸子時代第九章二浮邱伯（『武内義雄全集』第八巻思想史篇一所収、角川書店、一九七八年）も、『新語』を引用して、「包丘あるいは鮑丘は浮邱と同音相通じて同人とされている」（八四頁）云々と略述している。

（18）張西堂「陸賈新語弁偽」（同氏『穀梁真偽考』上篇一〇付記所収、北平景山書社、一九三一年。のちに『古史弁』第四冊上篇所収、一九三三年）

（19）呂思勉『蒿盧札記』（『光華半月刊』三—四、一九三四年。のちに『論学集林』と改題所収、上海教育出版社、一九八七年）

（20）孫次舟「論陸賈新語的真偽」（『古史弁』第六冊所収、一九三八年）

（21）劉師培「春秋三伝先後考」（同氏『左盦集』巻二所収、一九六八年）

（22）金徳建「司馬遷所見書考叙論」（『史学年報』一—五、一九三三年。のちに同氏『司馬遷所見書考』所収、上海人民出版社、一九六三年）

（23）なお一九四〇年代に、馮璧如「涵芬楼影印弘治本《新語》略校」（『図書集刊』五、一九四三年）が発表されている。

（24）桂湖村『漢籍解題』（明治書院、一九〇五年）

（25）津田左右吉「易に関する二三の考察」上・下（『東洋学報』一四—二・三、一九二四年。のちに「易の研究」と改題されて、『儒教の研究』一所収、岩波書店、一九四九年。さらに『津田左右吉全集』第一六巻所収、岩波書店、一九六五年）

（26）児島献吉郎「新語解題」（『国訳漢文大成』経史子部一〇『新語』所収、国民文庫刊行会、一九三一年。同時に同氏『支那諸子百家考』所収、目黒書店、一九三一年）

（27）これより数年後、鈴木俊他編『史籍解題』東洋史（平凡社、一九三六年）が発刊されている。そこには『新語』の項が立てられ、胡適の研究を導入しつつ、「『四庫提要』の今本偽作説は誤。……。今本の真は疑を容れず。……。（野原）」（一一四—一一五頁）と断言されている。一方、『東洋歴史大辞典』中巻（平凡社、一九三八年。のちに縮刷復刻、臨川書店、一九八六年）の『新語』の項は、「而も新語の真贋を弁ずるに由なく、其記載も他書と異るものがあり、其由来を明かにするを得ない。（西田保）」（五二〇頁）と解題し、他方、長澤規矩也『漢籍解題』上「和刻本諸子大成」新語解題（汲古書院、一九七五年）は、「仮に後人の偽託とするも、唐初以前のことであるといふのが今日の定論である」（六六頁）として、ともにその真偽問題については言明を避けている。

(28)　注（5）所引狩野氏著書

(29)　この狩野氏著書の公刊と同年に、渡辺卓「夾谷の会――孔子説話の思想史的研究――その五――」（『山梨大学学芸学部研究報告』四、一九五三年。のちに同氏『古代中国思想の研究――〈孔子伝の形成〉と儒墨集団の思想と行動――』第一部第二編第一章所収、創文社、一九七三年）が発表された。その中で氏は「例えば新語弁惑篇のは、いくらかの分子を史記及び左伝に仰ぎながら主として穀梁伝のを承継したために提出された孔子像も依然として穀梁伝との骨骼や姿態を同じくする」（三〇頁）と述べる。文意は不明であるが、要するに氏は『新語』の成立を『史記』『左伝』『穀梁伝』以後のことと想定しているようである。

(30)　金谷治「陸賈と婁敬――漢初儒生の活動（一）――」（『東洋史研究』一五―三、一九五七年。のちに「漢初儒生の活動（一）――陸賈と婁敬――」と改題、同氏『秦漢思想史研究』第三章第二節所収、日本学術振興会、一九六〇年）

(31)　宮崎市定「陸賈新語道基篇の研究」（『東方学』二五、一九六三年。のちに『宮崎市定全集』5史記所収、岩波書店、一九九一年）

(32)　同氏「陸賈『新語』の研究」（『京都大学文学部研究紀要』九、一九六五年。のちに同氏『アジア史研究』第五付録所収、同朋舎、一九七八年。さらに『宮崎市定全集』同右注所収）

(33)　内山俊彦「漢初儒家における自然認識と政治意識――陸賈、賈誼、韓嬰を中心として――（一）・（二）――」（『山口大学文学会誌』二三・二四、一九七二・七三年。のちに同氏『中国古代思想史における自然認識』第八章一陸賈と『新語』所収、創文社、一九八七年）

(34)　松島隆裕「陸賈『新語』の聖人と君主」（『倫理学年報』二四、一九七五年）

(35)　堀池信夫「前漢期の思想」(同氏『漢魏思想史研究』第一章所収、明治書院、一九八八年)。なお同氏「漢代の神仙養生説・医学と知識人」(坂出祥伸編『中国古代養生思想の総合的研究』所載、平河出版社、一九八八年)もこの見解を維持している。

(36)　この間に塩出雅「陸賈新語について」(『池田末利博士古稀記念東洋学論集』所載、一九八〇年)と題する一篇があるが、『新語』の真偽については一切触れていない。なお氏は「新語」の項目(日原利国編『中国思想辞典』所載、研文出版、一九八四年)を執筆しているが、その中で『四庫全書総目提要』などは偽作とするが、反論もあり、意見は一致していない」(二二九頁)と解題する。

(37)　相原俊二「前漢前期の学問の展開」(『東洋大学文学部紀要』三三〈史学科篇五〉、一九七九年)

(38)　同氏「漢初の覇者について(その一)――『新語』と『新書』――」(『東海大学紀要文学部』五〇、一九八八年)

(39)　宇野茂彦「陸賈新語札記――思想史の観点より見たる――」(『名古屋大学研究論集』一〇九〈哲学三三〉、一九八七年)

(40)　有馬卓也「『新語』の統治理念――『淮南子』とのかかわりを中心に――」(『中国哲学論集』一八、一九九二年。のちに「『仁義礼楽』の理論(上)――『新語』の検討――」と改題、同氏『淮南子の政治思想』Ⅳ第4章所収、汲古書院、一九九八年)

(41)　田中麻紗巳「陸賈の道家説について」(日本大学人文科学研究所『研究紀要』四三、一九九二年)。また同氏「『新語』と春秋学」(『町田三郎教授退官記念中国思想史論叢』上巻所載、中国書店、一九九五年)も、この論文を継承して、「先人の研究・見解は妥当なものであり、現本『新語』を陸賈の著作と解して差支えないと考えられる」(一七七頁)と述べる。

(42)　楠山春樹「儒家における無為の思想」(『フィロソフィア』七九、一九九二年。のちに同氏『道家思想と道

教』中国思想の研究所収、平河出版社、一九九二年)

(43) 斎木哲郎「漢代思想文献のとり扱いについて——陸賈『新語』・賈誼『新書』・劉向『新序』『説苑』の書誌学的考察——」(無窮会『東洋文化』三〇五〔復刊七一〕、一九九四年)

(44) 同氏「陸賈と『新語』——その儒家思想史における位置づけ——」(栗原圭介博士頌寿記念『東洋学論集』所載、汲古書院、一九九五年)

(45) 同氏「董仲舒と『春秋穀梁伝』——西漢穀梁学の一断面——」(『日本中国学会報』四四、一九九二年)

(46) 注(44)所引と同一の論集に、小林茂「陸賈『新語』引書考」が収載されている。この論文は『新語』の「真偽の関鍵になっているものは、書籍の内容と、書中に引用されている『穀梁伝』の存在である。全ての論点はこの二点に帰着すると思われる」(五四八頁)と述べ、主に後者の観点から、『新書』を偽作視することに疑問を唱えている。

(47) Annemarie von Gabain, *Ein Fürstenspiegel: Das Sin-yü des Lu Kia* (Berlin, 1930)

(48) Paul Pelliot, "Bibliographie, Annemarie von Gabain, *Ein Fürstenspiegel: Das Sin-yu des Lu Kia*" (*T'oung Pao*, vol.27, E. J. Brill, Leiden, 1930)

(49) 以上の仏文和訳については、清泉女子大学講師澤美香氏の労を煩わした。

(50) ホーマー=H=ダブス「漢高祖の対儒学の態度」、Homer H. Dubs,"The Attitude of Han Kao-tzu to Confucianism" (*Journal of American Oriental Society*, 57-2, 1937) がその一例である。この論文は『新語』を陸賈の作品と見なして疑うことはない。

(51) Mei-kao Ku, *A Chinese Mirror for Magistrates, The Hsinyu of Lu Chia* (Faculty of Asian Studies Monographs, Australian National University, Camberra, 1988)

(52) 辜美高『陸賈《新語》序論』(新加坡新社、一九九〇年)

(53) Michael Loewe ed., *Early Chinese Texts——A Bibliographical——*, (Early China, Special Monograph Series, No.2, The Society for the Study of Early China, 1993)

**(付記)**

中文による『新語』関係論著の検索・複写などの作業については、池田温(東京大学東洋文化研究所—当時—)、辜美高(シンガポール国立大学)、清水美紀(早稲田大学大学院)、蔣非非(北京師範大学歴史系—当時—)、高木理久夫(早稲田大学図書館)、張伝璽(北京大学歴史系—当時—)、土屋紀義(国立国会図書館)、冨谷至(京都大学人文科学研究所)、名久井綾(早稲田大学大学院)—五十音順—および故ジャック＝L＝ダルJack L. Dull、ウィリアム＝G＝ボルツWilliam G. Boltz(ともにワシントン大学〈シアトル〉)の諸氏の助力を頂戴した。とくにこのことを付記して、謝意を表したい。

# 第二節　『新語』の真偽問題

其有疑錯、則備論而闕之、以俟後賢。
其れ疑錯有れば、則ち備《つぶ》さに論じて之れを闕き、以て後賢を俟たん。
――杜預『春秋左氏経伝集解』序――

## 一　『新語』真作説の再検討

前節において宋代以降近年にいたるまでの『新語』をめぐる研究成果を跡付けつつ概観してきたが、その結果、今日ではそれが陸賈の真撰になるとする論調が圧倒的多数を占めていることが明らかにされた。しかしこのような真作説がかなり定説化しつつあるとはいえ、その真贋の当否をめぐっては、現在なお未解決の問題が少なくなく、今後さらに究明すべき余地が残されているのではなかろうか。

いうまでもなく、その甲論乙駁の論争点は、『新語』の真偽のいずれの一方を是認するかという、単純な黒白論に帰着する。すなわちその一方の偽作説は、『日鈔』を濫觴とし、『提要』の解題に同意する一派であり、他方の真作説は、『鉄橋漫稿』を鼻祖とし、『提要』の提起した論拠の一々に駁論する『弁証』とそれに左袒する一派によって代表される。そこで『新語』の真偽問題について再検討を加えるためには、迂遠な方法ながら、その前提として、再び両者の論争の原点に立ち返り、あらためて『提要』と『弁証』の論点を再吟味することが必要になってくる。以下、前節と多少重複する引証もなくはないが、まずこれら両派の論難や駁議の大要を検証したのちに、その時点から再び『新語』の真偽問題について考察を試みることにしたい。

まずはじめに『提要』はつぎの文章をもって起筆する。

> 新語二巻。旧本は漢の陸賈の撰と題す。漢書の本伝を案ずるに、新語十二篇を著すと称す。漢書芸文志儒家に陸賈二十七《ママ》篇（とあり）。蓋し他に論述する所を兼《あわ》せて之れを計《かぞ》うるならん。隋志は則ち新語二巻に作る。此の本巻数は隋志と合し、篇数は本伝と合すれば、旧本為《た》るに似たり。

このような書き出しを起点として、『提要』は第一の疑問として、つぎの問題点を提示する。

> 然れども漢書司馬遷伝に称す。遷は戦国策、楚漢春秋、陸賈新語を取りて史記を作る、と。楚漢春秋は張守節の正義に猶之れを引くも、今佚して考う可からず。戦国策は九十三事を取り、皆今本と合す。惟だ此の書の文のみ、悉く史記には見えず。

これによると、司馬遷は『戦国策』『楚漢春秋』『新語』を採用して、『史記』を著述したと記されている。しかし実際に『司馬遷伝』をひもとき、その原文と照合してみると、その賛にはただ、故に司馬遷は左氏、国語に拠り、世本、戦国策を采り、楚漢春秋を述べて、其の後事を接《つ》ぎ、大漢に訖《いた》る。

とあるのみで、『史記』が『新語』を粉本として撰述されたなどということは、一言半句も述べられていないのである。前節で述べたように、この誤引の事実が新しく指摘されたのは、一九三〇年代の胡適の研究によるものであったが、これによって積年の誤解や疑念が一挙に氷解したかのごとき感を呈するにいたった。しかも一たん〝嫌疑〟をかけられた一節に対して、〝無罪〟が証明されたために、逆に『新語』それ自体に対しても、それを真作視する傾向が一段と活潑化することになった。

論点が多少ずれるが、ここで注意しておきたいのは、右の『司馬遷伝』の賛はほとんど信用しがたいという事実である。たとえばその賛中に挙げられる『世本』(1)が、『史記』の底本の一つとされたという文章は、きわめて疑わしいと考えられている。(2)また劉向の「叙録」によると、それまで『戦国策』は「短長書」などと称されていたが、彼自身によって「宜しく戦国策と為すべし」と断定されるように、それは前漢末期に校定命名された書物であるから、そもそも『史記』を執筆するさいに司馬遷がそれを自著の藍本とすること自体、年時的に不可能である。(3)鄭鶴声『司馬遷年譜』(4)によると、『史記』が完成したのは征和二年（前九一）のこととされ、また劉向は前七九（前七七）から前八（前六）まで生存した学者であるから、(5)『戦国策』が校定されたのは、『史記』よりおよそ四、五十年後のことになる。さらに『史通』雑説上篇諸漢史の項を見ると、『楚漢春秋』は、案ずるに、劉氏初めて興るや、書には唯だ陸賈（ある）のみ。子長（司馬遷）楚漢の事を述ぶるに、専ら此の書に拠る。……。然れども遷の載《の》する所を観るに、往々にして旧と同じからず。酈生の初めて沛公に謁し、高祖の長く鴻鵠を歌うが如きは、唯だ文句に別有るのみに非ずして、遂には乃ち事理皆殊《こと》なる。

と説かれ、また『容斎三筆』巻二絳灌の項を見ると、

楚漢春秋は陸賈の作りし所にして、皆当時の事を書す。而るに言う所は多く史と合せず。

と述べられる。さらに王応麟『漢書芸文志攷証』巻三は、後者の一文を引用しつつ、「陸賈当時の事を書す。而るに言う所は多く史と合せず。顔師古屢々之れを弁ず」と考証するように、それが『史記』の底本の一つであるとすることには、早くから疑問がもたれていた。

『後漢書』巻四〇上班彪伝を見ると、彼の筆になる『後伝』[6]の「略論」に、「孝武の世、太史令司馬遷は、左氏、国語を採り、世本、戦国策を刪り、楚漢列国時事に拠り」て、『史記』を完成したと述べられているから、『司馬遷伝』の賛がこの班彪「略論」の一部を襲用したことは疑いない。しかし『史記』の中では、司馬談と遷自身は実際にこのような特定の史料にもとづいて、自著を撰述したなどと明記しているわけではない。むしろ実質的には、彼ら父子は一定の史書に拘束されることなく、先行する各種多様な著作や記録を活用して、独自に『史記』を構成し、執筆したものと考えられている。[7]とするならば、司馬遷がこのように具体的な書物を素材として『史記』を編纂したというのは、あくまでも『司馬

遷伝』の勝手な憶測にすぎないのであって、いわばその祖本説は古文派に属する班彪父子の意図的な作文の可能性が高い。したがって『司馬遷伝』の賛を無批判に信用し、それに無条件に立脚して、『新語』が『史記』の採択した藍本であるか否か、という詮索や論議を行なうこと自体、あまり意味のない作業であるといわなければならない。まして『提要』の犯した司馬遷による『新語』の引書説が根本的に是正されたからといって、その事実がただちに『新語』の信憑性を裏付ける論拠になり得ない、ということをも考え合わすべきであろう。

『提要』の提起する第二の問題点は、

　王充の論衡本性篇に陸賈を引きて曰く、天地の人を生ずるや、礼儀の性を以てす。人能く己《おのれ》の命を受くる所以を察して則ち順う。順う（こと）之れを道と謂う、と。今本に亦其の文無し。

と指摘されるように、『論衡』の文中にある陸賈の引用文である。上掲の『陸賈列伝』を見ると、高祖と陸賈との間に交わされた有名な問答のあとに、「陸生迺ち存亡の徴を麤述し、凡そ十二篇を著す。一篇を奏する毎に、高帝未だ嘗て善しと称せずんば非ず。左右万歳を呼ばう。其の書を号《なづ》けて新語と曰う」と明記されているから、『新語』が全十二篇からなる書物であったことはまちがいない。ところが『漢書』巻三〇芸文志（以下、『芸文志』と略称）を見ると、この『新語』それ自体は著録されず、ただその諸子略儒家の項に、「陸賈　二十三篇」の題名と篇数が見出されるのみである。そこで厳可均以下、『新語』の真作説を主張するほとんどすべての学者は、現行の『新語』十二篇は、他の陸賈の著作を含めて、のちにこの『陸賈』の書名の下に一書として合刻されたと見なすのがつねである。

たとえば日本では、白川静氏が、(8)「〔漢書〕芸文志に、儒家言として『陸賈二十三篇』を録しており、いまの『新語』十二篇はそのうちに含まれていたのであろう」（二九一頁）と想定し、また中国では、王利器氏が、(9)「漢志に陸賈二十三篇と称するは、蓋し新語の外に、尚其の它の十一篇有り」（一七七頁）と考証するのがその好例である。したがって『提要』のいう「今本に亦其の文無し」という疑問に対して、彼らは『論衡』の当該記事は「但だ陸賈と云うのみにして、新語とは云わず」とする厳可均の解釈を踏襲して、異口同音に、それは『新語』以外の陸賈の別の文章を引用したまでのことであるという反論を試みている。

とくにこの解釈を敷衍して、金谷治氏は前掲の著書(10)の中で、「二十三篇は晩年に至るまでの陸賈の論文の総集だということになる。そして、今日の十二篇は、実は『新語』ではなくて、この総集二十三篇の残巻だとみられるであろう」（二六六頁）と述べる。既述のように、以後、この推測は『新語』に言及されるさいにつねに引用され、数多くの研究者によって追随されるところとなっている。

しかしこのような解釈や推論の過程には、それを裏付けるに足る実証がともなわないばかりではなく、その前提には少なくとも二点の問題が介在する。まず第一に、もちろん例外はあるにせよ、『漢書』芸文志に存在しないということは、少なくとも劉向・劉歆がその目録を作成した時点においては、『新語』とよばれる一書は宮中の蔵書として存在していなかったという単純な事実を示すものである。このことを無視して、『芸文志』に〝不在〟の『新語』の〝実在〟を論ずることは、それ自体が最初から矛盾を犯すことになる。

一方、これに付随して、『芸文志』六芸略春秋の項に、「楚漢春秋　九篇　陸賈の記す所」とあり、また同詩賦略賦の項に、「陸賈賦　三篇」という二作が採録されている。とするならば、これら両書は、「陸賈　二十三篇」の中に加えられることなく、それぞれ独自に存在しながら、ただ『新語』のみがなにゆえに一書として存続せず、それに吸収されるにいたったのか。そしてなにゆえのちにそれが『史記正義』(11) 陸賈列伝所引の阮孝緒「七録」とそれを襲用した『隋書』巻三四経籍志子部に、「新語　二巻」として単独で再登場するにいたったのか、という反問に対して、おそらくその返答に窮することになるはずである。

ついで第二に、上掲の『陸賈列伝』によると、『新語』はその「一篇を奏する毎に」、高祖が称賛し、臣下が万歳を斉唱したと述べられている。しかも「凡そ十二篇を著す」と明記されているほどであるから、遅くとも高祖の在位中もしくはその死直後には、『新語』十二篇はすでに完成していたと考えてよい。その証拠に、右の『陸賈列伝』の賛に、「太史公曰く、……。今陸生の新語の書十二篇を読むに、固《まこと》に当世の弁士なり」とあるように、司馬談父子が『史記』を撰述していた当時、十二篇からなる『新語』が単一で成立していたことはまちがいないからである。このように『新語』は高祖によって公的に承認され、かつ司馬談らによって一種の完本として言及されているが、このことからも明らかなように、そもそも個別に存在していたはずの『新語』が、武帝以降のある時期に、あらためて「陸賈　二十三篇」の中に再編成されるという蓋然性は、皆無に近いといわなければならない。(12)

他方、これに関連して、『史記』は楚漢の興亡についていきいきと描き出しているのであるから、司馬談らがその一部を取材するばあいに、当然、『新語』を採択したに相違ない。しかし現行の『新語』には『史記』と一致符合する文章が一例も存在しないのである。ということは、『史記』を執筆したとき、司馬遷は当時存在していた原『新語』を引用しつつ、楚漢抗争の顚末を叙述することができたが、その後間もなくそれが散逸したということを暗示するものであろう。

それではこの『陸賈』二十三篇とは、一体、どのような著作であると想定すべきであろうか。あらためてこの問題に対処するとき、『芸文志』の中に、これまでほとんど注目されることのなかった重要な一節が存在する。すなわちその兵書略に「右兵権謀、十三家二百五十九篇」と記され、その原注に、

伊尹、太公、管子、孫卿子、鶡冠子、蘇子、蒯通、陸賈、淮南王を省き、二百五十種、司馬法を出だして礼に入るるなり。

と述べられるのがそれである。周知のように、『芸文志』は劉向の「別録」と劉歆の「七略」を底本として作成された一志であるが、王先謙『漢書補注』によると、陶憲曽の解釈として、この一節は「蓋し七略中の伊尹以下の九家、其の全書は儒、道、縦横、雑の各家に収入せらる。又其の中の兵権謀を言う者の重ねて此こに入れらるるものを択びて、共に二百五十九篇を得たり」と説明されている。要するに、

「七略」によると、もともと『陸賈』は『孫子』や『呉子』などとともに、兵書略の項にも置かれる作品であったが、『芸文志』を編集するさいに、班固は両方に重複して立項する煩を避けて、ただそれを諸子略儒家の項目にのみ置いて輯録しなおしたという経緯を示している。(13) とするならば、元来、『陸賈』はただ儒家にのみ分類される性格をもつ書物ではなく、また同時に兵家にも分別され得る要素をもつ著作であると見なされていたことがわかる。

『陸賈列伝』を見ると、陸賈は高祖に対して「馬上に居りて之れを得たらんも、寧《いずく》んぞ馬上を以て之れを治む可けんや。且つ湯武は逆に取り、順を以て之れを守る。文武並びに用うるは、長久の術なり」と答えているが、このような「逆取順守」や「文武併用」の発言から推測するとき、彼に兵略家に所属するような著作があったとしても不思議ではない。

しかし一方の『新語』を見ると、その至徳篇に、

豈《あに》堅甲利兵、深刑刻法の朝夕切切なるを恃みて、而る後に行われんや。昔晋の厲、斉の荘、楚の霊、宋の襄は大国の権を秉り、衆民の威に仗《よ》り、軍師横出し、諸侯を陵轢す。……。故に宋の襄は泓水の戦に死に、三君は臣子の手に弑せらる。皆軽々しく師を用い、威力を尚《たっと》びて斯こに致《いた》る。

と説かれ、また「力に果にして義に寡なき者は、兵の図る所なり」（本行篇）と非難されるように、そこでは兵力は排斥すべき対象とされている。したがって『陸賈』が兵書略にも属し得る内容をもつ書物であるとされるからには、当然、それに合刻されたとされる『新語』にも兵家的な要素が垣間見られてし

かるべきである。しかしそのような片麟はその篇中に一片たりとも見出しがたいのである。したがって現存する『新語』が『陸賈』二十三篇の中に含まれるとしたり、またその残巻であると見なすことは、とうてい成立しがたい推測であるといわなければならない。

ちなみにここで『新語』と『論衡』との関係について一言しておきたい。上掲の本性篇に加えて、『論衡』書虚篇に、「陸賈曰く」に導入される一文が見られるが、両者はともに、『新語』の中にそれらに該当する文章を見出すことはできない。他方、『論衡』の諸篇には『新語』の書名が四回登場する。すなわち前節に掲げた案書篇の一節を加えて、「陸賈の新語は、一篇を奏する毎に、高祖の左右、称して万歳と曰う」（佚文篇）と「陸賈の呂氏の謀を消せるは、新語と同一の意」（超奇篇）と「新語は陸賈の造りし所、蓋し董仲舒相《あい》被服し、皆君臣政治の得失を言う」（案書篇）とあるのがそのすべてである。このように王充は『新語』という書名を挙げているから、彼がその存在を聞知していたことはまちがいない。しかしその『論衡』率性篇を見ると、

伝に曰く、堯舜の民は比屋して封ず可く、桀紂の民は比屋して誅す可し。斯の民や、三代の道に直《よ》りて行ないし所以なり。

とあるが、一方、『新語』無為篇を見ると、

故に曰く、堯舜の民は比屋して封ず可く、桀紂の民は比屋して誅す可し。教化の然らしむればなり。

というほぼ同文が見出される。管見によるかぎり、ここにいう「比屋可封」の四字は、先秦・漢初の文

献には徴証することのできない表現である。もちろんただこれら二例だけで速断することは危険であろうが、『論衡』が「新語に曰く」とせずに、「伝に曰く」としていることから推測すると、実際に王充が『新語』に目を通していたかどうかは疑問視される。そしてこのことは『新語』が後漢初期に果たして実在していたか否かという問題にも関連することになるが、既存史料の制約上、これ以上の詮議は不可能である。

つぎに『提要』が第三の疑問点として挙げる『春秋穀梁伝』（以下、『穀梁伝』と略称。同様に『春秋左氏伝』は『左伝』、『春秋公羊伝』は『公羊伝』と略称）について、再検討を試みることにしよう。すなわち『提要』はつぎのようにいう。

又穀梁伝は武帝の時に至りて始めて出づ。而るに道基篇の末に、乃ち穀梁伝に曰くを引く。時代尤も相《あい》牴牾す。其れ殆んど後人の依託にして、賈の原本に非ざる歟。

あらためて要約するまでもないが、『新語』道基篇の末尾に、「穀梁伝に曰く、仁者は治を以て親しみ、義者は利を以て尊し、と。万世乱れざるは、仁義の治むる所なればなり」という一文が引用されている。しかしそもそもそれは前漢武帝の時代に「始」めて世に出た経伝であるから、漢初の史料に登場するのは、それ自体「時代尤も相牴牾す」ることになるというのである。これに対して、『新語』の真作説の支持者の唱える反論は、およそつぎの二点に要約される。

その一点は、これまた厳可均の首唱した解釈で、ここに引用されるのは「乃ち是れ穀梁の旧伝にして、故に今の伝に此の文無し」と臆断して、今本は「穀梁赤の旧には非ざるなり」と論定する。つまり『新語』に引用される『穀梁伝』は、現存するそれではなく、それ以前に亡失した「旧伝」の佚文であり、したがってその一節が現行の『穀梁伝』に存在しないのは、むしろ当然の結果であるというのがその要旨である。しかし先秦・秦漢初年に『穀梁伝』に旧本が存在したということは、他にその実例や具体的な証拠が見出しがたいことから考えても、[15]結局それは真作説を妥当化するための強弁の域を出るものでない。

その二点は、この『穀梁伝』の漢初における実在性をより正当化するために、おそらく王謨[16]や戴彦升[17]らがはじめて着目し、余嘉錫氏[18]が敷衍した『穀梁伝』系譜論とでもいうべき一説である。すなわちそれはまず『漢書』巻八八儒林伝＝瑕丘江公伝に、彼が「穀梁春秋及び詩を魯の申公より受く」と記される一節を起点として、文中の申公は浮邱伯[19]なる人物の弟子に当たるが、その浮邱伯は『新語』資質篇に、「鮑丘の徳行」云々と略述される鮑丘と同一人物であると見なす。そして『塩鉄論』毀学第一八や劉向「荀子叙録」に散見する包丘子や浮丘伯は荀子の弟子に当たること、また『漢書』巻三六楚元王伝や同儒林伝＝申公伝によると、彼は「高后（呂太后）の時」に「長安に在」ったと記されているから、浮丘伯が秦末漢初の学者であったことは疑いないと推論する。とすると、浮丘伯は陸賈と同時代の学者に相当するから、余氏[20]の言を借りるならば、「其の穀梁伝を引くこと、曽て何ぞ異とするに足らんや」という結論に結び付けられることになる。以上の論証はやや煩雑であるが、要するに、余嘉錫氏らは、

荀子──→浮丘伯──→申公──→瑕丘江公

という穀梁派とされる学統を整理復元することによって、そこに高祖当時における『穀梁伝』の実在説を補強しようと試みているのである。しかしこの仮説の論拠にも、考証上の基本的な不備や欠陥が潜在する。

第一に、「浮」「鮑」「包」はいずれも同音とされるから、[21]浮邱伯・鮑丘・包丘子が同一人物であり、かつ陸賈と同時代人であると見なし得るかもしれない。しかし浮邱伯と陸賈との間に何らかの具体的な交友関係があったことを示す証拠は皆無に近い。したがって戴彦升の「陸生蓋し嘗て浮邱伯と遊ぶ。故に其の徳行を称えしならん。或いは即ち其の穀梁学を受けし歟」という考証は、そこに「蓋」「或」「歟」の三字があることからも明らかなように、全くの推論以上の域を出るものではない。

『陸賈列伝』によると、呂氏専横の時代に「病み免ぜられて家居」していたときですら、陸賈は「常に安車駟馬もて、歌舞し琴瑟を鼓する侍者十人を従え、宝剣の直《あたい》千金」するものを所持して外出したと伝えられる。一方これに反して、『新語』資質篇に、

鮑丘の徳行は李斯、趙高より高からざるに非ざるなり。然れども蒿廬の下に伏隠して世に録せられざるは、利口の臣の之れを害すればなり。

とあり、また『塩鉄論』を見ると、「包丘子は甕牖蒿廬を免れず、潦歳の鼃の如し。口衆《おお》からざるに非ざるなり。然れども卒に溝壑に死するのみ」（毀学第一八）という大夫の罵言があり、同様に「包丘子は

麻蓬藜を飯《くら》い、道を白屋の下に修め、其の志を楽しむ」（同上）という文学の賛辞があるが、これらの表現から推測するとき、彼は市井に沈淪していた在野の学者であったと想像される。のちに安期生とともに「列仙の徒」と目されるようになったのも、(22)彼の隠君子のような生涯が、多分に神仙的に伝え残されていたからであろう。このように正反対の二人の境遇を比較するとき、陸賈と浮邱伯の二人が何らかの形で交流をもったと考える可能性などはきわめて低いといわなければならない。(23)簡単にいえば、この理論は両者は同時代人であったから、おそらくその間に多少の接触や面識があったはずであり、したがって陸賈が『穀梁伝』を引用しても不思議はない、という幼稚で非学問的な憶測を逞しくしているにすぎないのである。(24)

また第二に、万一、両者が交誼を結び得たと仮定しても、浮邱伯自身が『穀梁伝』の学者であったという事実を裏付ける史料的根拠は、ただの一例も見出すことはできない。すなわち『漢書』楚元王伝に、「楚の元王交、……、少《わか》かりし時、嘗て魯の穆生、白生、申公と倶に、詩を浮邱伯より受く」とあり、また同儒林伝＝申公伝に、「申公は魯の人なり。少くして楚の元王交と倶に、斉人浮邱伯に事えて詩を受く」とあるように、浮邱伯は申公の師匠として、『詩』の専門家として紹介されてはいるが、『穀梁伝』との関連を暗示するような記載を見出すことは不可能なのである。(25)事実、唐の楊士勛の疏は穀梁学の系譜の復元を試みているが、そこにはただ「孫卿（荀子）は魯人の申公に伝え、申公は博士江翁に伝う」と記されるのみで、浮邱伯の存在などは完全に無視されている。したがって浮邱伯の存在に注目することによって、漢初における『穀梁伝』の普及化を強調することは、その推論の出発点からしてすでに破綻があるといわなければならない。

最後に第三に、『新語』の非偽作説を力説する学者は、漢初における『穀梁伝』の実在性をさらに補強するために、『新語』の文中に、「穀梁伝に曰く」と明記されていなくとも、そこに今本の『穀梁伝』の記事や思想内容と共通類似する文章を探し出し、それらを例示することによって、高祖年間における当該書の存在や流布を傍証しようとする。その結果、余嘉錫氏[26]らは道基篇以外にも、弁惑・至徳・明誠などの諸篇は、「皆穀梁家の法を用い」ているとまで極言するにいたっている。しかしこの論証の過程にも二点の疑問が併起する。

その一点は、彼らが『穀梁伝』から影響を受けた好例として挙げる各文章は、いずれも必ずしも『穀梁伝』にのみ限定して範疇化することができないという問題である。たとえば劉師培[27]の研究によると、「陸賈新語の道基篇を見るに、明らかに穀梁伝を引く。而るに輔政、無為、至徳、懐慮、明誠の諸篇は均しく公羊の誼を述べ、……、弁惑の一篇の如きは、……、悉く左伝に本づく」云々と考証されている。劉師培はいわゆる『春秋』三伝の中で、『穀梁伝』をもっとも晩成の作品であると唱える学者であるが、余嘉錫氏らが『穀梁伝』と関係付けて引証する弁惑篇は『左伝』に、また至徳と明誠の二篇はともに『公羊伝』にそれぞれ該当すると解釈している。いいかえれば、『新語』に散在する『春秋』関係の文章は、観点や解釈のいかんによっては、三伝の中のいかなる経伝にも当てはまり、特定する余地があるということになる。事実、田中麻紗巳氏[28]も『新語』所引の『春秋』は、「『穀梁』との関連がやや大き」(一八五頁)いと認めながらも、「現本の『春秋』三伝のいずれとも通じ合うものが見出せる」(一八四頁)と分析しているが、それは右の結論を裏付けるものといってよい。

その二点は、もし『新語』の中に『穀梁伝』と関係の深い文言が見出されるとするならば、その挙例自体がかえって『新語』が漢初の著作ではないことを物語る有力な根拠になりかねないということである。なぜならば、この『穀梁伝』の漢初存在説には基本的疑義がともなうからである。

周知のように、『経典釈文』巻一序録春秋によると、『春秋』三伝の中で『穀梁伝』がもっとも晩出であると説かれているが、この説を敷衍して、陳澧『東塾読書記』巻一〇は、つぎのような考証をほどこす。すなわち一は、『穀梁伝』荘公二年の条に、

　其の一に曰く、君在りて之れを重んずればなり。

とあり、一方の『公羊伝』同年の条に、

　曷為《なんすれ》ぞ之れを国とするや。君存《いま》すればなり。

という一節が見出される。また二は、前者の文公十二年の条に、

　其の一の伝に曰く、許嫁して以て之れを卒とするなり。

とあるのに対して、他方の後者の同年の条に、

　此れ未だ人に適《とつ》がざるに、何をか以て卒とするや。許嫁すればなり。

と見える。よく知られる対比であるが、これら二例を観察すると、「其の一」や「其の一の伝」として、『穀梁伝』が『公羊伝』の伝文を引用し、それらを批判是正する形で作文していることが明らかにされる。ただこのことから判断しただけでも、古くは宋の劉敞[29]が「此れ晩《のち》に公羊の説を見て、之れに付益するに似たり」と喝破し、また右の陳澧が「穀梁は公羊の後に在り」と断言するように、『穀梁伝』が『公羊伝』以後に作成された著述であることは、否定できない事実であろう。あるいは〝伝義〟としては古くから存在していたかもしれないが、それが成書として出現するのは、おそらく宣帝時代、とくに石渠閣論議の前後であろうとするのが、今日、ほぼ衆目の一致する一般的結論のようである。[30]

事実、『漢書』儒林伝＝瑕丘江公伝に、つぎのような記事が存在する。

> 宣帝即位するや、衛太子の穀梁春秋を好むを聞き、以て丞相韋賢、長信少府夏侯勝、及び侍中楽陵侯史高に問う。皆魯の人なり。穀梁子は本は魯学にして、公羊氏は迺ち斉学なり、宜しく穀梁を興すべしと言う。時に（蔡）千秋郎と為り、召見せられて公羊家と並《とも》に説く。上は穀梁説を善しとし、千秋を擢んでて諫大夫給事中と為す。……。元康中に始めて講じて自り、甘露元年に至るまで、十余歳を積みて皆明習す。迺ち五経の名儒、太子太傅蕭望之等を召し、大いに殿中に議せしむ。公羊、穀梁の同異を平し、各々経を以て是非を処す。……。望之等十一人、各々経誼を以て対《こた》え、穀梁に従うこと多し。是れに由りて穀梁の学大いに盛んなり。

このような文章から推測するならば、『穀梁伝』が衆目を集め、『公羊伝』に匹敵する経典として脚光を浴びて、重視されるにいたるのは、やはり宣帝年間以降のことに措定しなければならないであろう。

近年の研究[31]によると、『新語』の文中、『公羊伝』からの引用はわずか二条を数えるにすぎないが、それに反して、『穀梁伝』からのそれは十二条の多数を占めることが明らかにされている。しかし『史記』では、その儒林列伝の末尾において、公羊学に関する叙述に付随して、『穀梁伝』はただ唐突に「瑕丘江生は穀梁春秋を治む」と記されるように、わずか九文字をもって処理されているにすぎない。[32]しかもその太史公自序を見ると、司馬遷は『春秋』の史料的価値について口をきわめて称賛しながら、その一伝たる『穀梁伝』の存在については一言も触れることはない。また『塩鉄論』の文中に多数の典籍が引用されているが、そこにもまた『穀梁伝』を出所とする文言を見出すことはできない。[33]

このように『新語』の諸篇に『穀梁伝』やそれに暗合する言辞が再三検出されるとするならば、その事実は逆に『新語』それ自体が前漢後期以降に編集されたことを示す反証の一つにもなり得るのである。その意味から、徐復観氏の論考[34]によって代表されるように、『穀梁伝』の存在を媒体として『新語』の信憑性を力説することは、多分に両刃の剣にも似た危険性をともなう論法であることを承知しておく必要がある。それと同時に、そもそも『穀梁伝』のような成立年代の未確定な文献に依拠して、『新語』の真偽問題を吟味することは、それ自体危険きわまりない作業であるばかりではなく、そのような考証によってもたらされた結論は、非学問的な不毛の産物以外のなにものでもないことを銘記しなければならないであろう。

## 二　『新語』真作説の否定論

以上、『新語』を偽作視する『提要』と真作視する『弁証』の論拠を三点に整理し、その一々を比較吟味しつつ再検討を加えてみると、如上の真偽いずれの考証にも絶対的な当否の決め手を欠くように思われる。とくに従来一般に圧倒的に支持されている真作説も、実はけっして十分に納得できる論理的裏付けによって成立しているわけではなく、むしろ考証学以前の単純粗雑な論法によって真作視されていることが理解される。とすると、ここで一たん『提要』と『弁証』相互の論判を離れて、あらためて『新語』の真偽論争の原点に立ち返り、別の角度から根本的に再考察を加える必要が生じる。

　このばあい一つの重要な示唆をあたえる史料は、『新語』の信憑性に対して最初に疑念を表明した、上掲の『日鈔』に記される左の一節である。

新語、十二篇。漢の太中大夫陸賈の撰する所。一は道基と曰い、天地既に位して、列聖制作の功を言う。……。十二は思務と曰い、聞見の当に執守に努むべきを言う。此れ其の大略なり。……。又第五篇に云う、(イ)今上に明正《ママ》の聖主無く、下に貞正の諸侯無く、奸臣賊子の党を（誅）鉏す、と。其の上文を考うるに、魯の定公の為にして発すと雖も、豈《あに》宜しく大漢の方に隆《さか》んならんとする日に言うべき所ならんや。賈の本旨の(ロ)天下は馬上を以て得可けんも、馬上を以て治む可からざるの意を謂うが若きは、十二篇に咸《みな》焉れ無し。則ち此の書は陸賈の本真に非ざるに似たるなり。

右の文中には、『提要』と『弁証』のともに触れていない二点の疑義が提起されている。その一は、『新語』弁惑篇に、傍線（イ）として引いた文章と、それにつづいて、「凝滞紕繆の結を解釈すれば、然る後に忠良方直の人、則ち世に容れられて政に施すことを得ん」などという文句が見出される点である。魯の定公を先例にした発言であるとはいえ、『日鈔』の指摘するように、このような文言はまさに「大漢」の興隆しようとしていた当時としては、きわめて不似合いな雰囲気を伝えるとともに、高祖や重臣たちの面前でなされる発言としては、不穏当で非現実的な違和感を禁じ得ない。再述するまでもなく、『陸賈列伝』によると、彼は高祖の要請によって『新語』を上聞した結果、その「一篇を奏する毎に、高帝未だ嘗て善しと称せずんば非ず」と記されるように、高祖はもとより「左右」の近臣にいたるまで、一斉にそのできばえを称賛したと伝え残されている。

この挿話を背景に『新語』の成立事情について思いをいたすとき、このような皇帝や側近を批判し、冒瀆しかねない内容の作品が上呈されること自体、常識的には想像しがたい不自然な事態であるといわなければならない。『新語』の真作説の多くが、敢えてこの一節を黙殺するか、故意に文字を「臆改」(35)せざるを得ないということは、そこに『新語』の真贋の是非をめぐって、やはり一種の支障があることを暗に自認するものではなかろうか。

しかしこのように不可解で不適切な文章は、ただ弁惑の一篇にのみとどまるものではない。その術事篇に、「今馬有りて王良の御無く、剣有りて砥礪の功無く、女有りて芳沢の飾り無く、士有りて文王に遭わず、道術蓄積されて舒《の》びず、美玉韞匱されて深く蔵さる」とあり、また資質篇に、「昔の扁鵲」や「昔の宮之奇」と比較したあげく、「公卿の子弟、貴戚の党友は、人に過ぐるの能無しと雖も、然れども身は尊重の処に在りて、之れを輔くる者は強くして、之れを飾ること衆《おお》し。達せざる靡きなり」とある。

さらに思務篇には、

〔聖人の〕道にして之れを世に行なえば、堯舜の君に非ずと雖も、則ち亦堯舜なり。今の君為る者は則ち然らず。治は五帝の術を以《もち》いずして、則ち曰く、今の世は道徳を以て治む可からざるなり、と。臣為る者は稷契を思わずして、則ち曰く、今の民は仁義を以いて正す可からざるなり、と。

とある文章も、同様に現「今」の君主や臣下が「聖人」や「五帝」の政術を規範としない現状を憂慮し、「道徳」や「仁義」をもって治世の要諦とすべきことを勧言したものである。もちろん、当時、君主に対して敢えて極諫や直言を行なったという記事は稀ではない。しかしあくまでもそれはただ幸運にも〝美談〟として残り得た記事の中にのみ伝えられるものであって、実際にはそれはけっして黙認されることのない危険な性格をもつ発言であった。[36] その意味から、これらの文章はいずれも高祖や重臣たちを痛烈に刺譏し、面罵する虞れのある内容であって、とうてい「高帝未だ嘗て善しと称せずんばあらず」とされたり、「左右万歳を呼ばう」ような妥当な発言であったとは考えがたい。その他いくつかの記事を含めて、『新語』が高祖や大臣の目前で奏上されたという逸話を基礎に成立した作品であると見なすかぎり、それを反映せずに、むしろそこにはそれに背馳した不自然で不適切な内容が少なくないことは、おそらく否定できない事実であろう。

『日鈔』の指摘する疑問のその二は、同じく傍線（ロ）を引いたように、「馬上」の戦闘によって天下を獲得し得たという、いわば戦勝の秘訣を問う点にある。そもそも『新語』は「試みに我が為に秦の天下を失ないし所以、吾の之れを得たる所以の者は何たるか、及び古の成敗の国を著せ」という高祖の命令に直答するために、一篇ずつ奏上された著作であるとされている。もちろんその道基篇に、「斉の桓公は徳を尚びて以て覇たり。秦の二世は刑を尚びて亡ぶ」とある短文をはじめとして、術事・輔政・無為・弁惑・資質などの各篇に、秦の始皇帝と二世皇帝の〝暴政〟を批判し、李斯や趙高の言動を非難する文章が散見する。しかしそれらの文面はいずれも「秦の天下を失ないし所以」について、抽象的、類型的に触れているのみで、積極的に秦の亡国論を開陳しているわけではない。このうち無為篇には、

秦の始皇は刑罰を設け、車裂の誅を為《つく》り、以て姦邪を斂《おさ》め、長城を戎境に築き、以て胡越に備う。大を征して小を呑み、威は天下に震う。将帥横行して以て外国を服す。蒙恬は乱を外に討ち、李斯は法を内に治む。事逾《いよ》々煩にして天下逾々乱れ、法逾々滋くして天下逾々熾《はげ》し。兵馬益々設けられて敵人逾々多し。秦は治を欲せざるに非ざるなり。然れども之れを失ないしは、乃ち挙措太《はなは》だ衆く、刑罰太だ極《きび》しきが故なり。

とあって、「秦の天下を失ないし所以」らしき説明がなされているが、それはただ〝紋切型〟の表面的

な批判が反復されるのみである。賈誼「過秦論」の文章などと比較するとき、その内容はいたって陳腐で空疎であり、高祖を感心させ、納得させるに足るほどのすぐれた発言とは考えがたい。

　さらにそれにもまして不可解に思われるのは、「吾の之れを得たる所以の者は何たるか」として、高祖の勝利の理由について説明を求められているにもかかわらず、『新語』諸篇の中に、それに対応する文言が全く欠如していることである。もちろん『新語』の真作説の是認者たちは、各篇から一応それらしき発言を収集して、この間の矛盾を説明しようと試みているが、[37] それらはおおむね牽強付会の感を免れない。

　『史記』巻八高祖本紀には、即位直後の漢高五年（前二〇二）五月の記事として、つぎの一節が収録されている。

　高祖雒陽の南宮に置酒す。高祖曰く、列侯諸将、敢えて朕に隠すこと無く、皆其の情を言《もう》せ。吾《われ》の天下を有《たも》てる所以の者は何ぞや、項氏の天下を失ないし所以の者は何ぞや、と。高起、王陵対えて曰く、陛下は慢にして人を侮る。項羽は仁にして人を愛す。然れども陛下は人をして城を攻め、地を略せしむるや、降下する所の者は、因りて以て之れに予え、天下と利を同じくするなり。項羽は賢を妬《ねた》み能を嫉《にく》み、功有る者は之れを害《い》み、賢者は之れを疑う。戦い勝てども人に功を予えず。地を得れども人に利を予えず。此れ天下を失ないし所以なり、と。高祖曰く、公は其の一を知りて、未だ其の二を知らず。……。此の三者（張良・蕭何・韓信——福井注）は皆人傑なり。吾《われ》能く之れを用う。此れ吾の天下を取りし所以なり。項羽は一范増有れども、用うること能わざりき。此れ其の我《われ》の擒《とりこ》と為りし所以なり、と。

この応答の主題は秦の滅亡の原因ではなく、楚の亡国のそれであり、また「存亡の徵を麤述」する奏聞ではなく、宮中の酒席における座興的な発言であるという二点において、『陸賈列伝』と基本的に相違するところがある。しかし高起と王陵が高祖の質問に対して、彼の「天下を有てる所以」と項羽の「天下を失ないし所以」とを答弁している点においては、陸賈に対する下問の主旨と軌を一にする。しかもこれら両名はいわば〝使能〟や〝利他〟の観点から、高祖と項羽の長短を比較しつつ、それなりに質問に対する即答を試みているのである。一方、同巻五六陳丞相世家を見ると、楚漢抗争の時代の逸話として、つぎの一節が残されている。

漢王陳平に謂いて曰く、天下紛紛たり。何《いず》れの時にか定まらんや、と。陳平曰く、項王は人と為り恭敬にして人を愛す。士の廉節にして礼を好む者、多く之れに帰す。功爵邑を行なうに至りて、之れを重《はばか》る。士も亦此れを以て附かず。今大王は慢にして礼少なし。士の廉節なる者は来たらず。然れども大王は能く人を饒《ゆた》かにするに爵邑を以てす。士の頑鈍にして利を嗜み恥無き者、亦多く漢に帰す。……。然れども大王は恣《ほしいまま》に人を侮り、廉節の士を得ること能わず。

前者は漢の中国統一直後に、後者はその直前に、それぞれ語られた逸話であるが、高祖の人物評価について、両者の間に何と似通った表現が見出されることであろうか。すなわち前者の「陛下は慢にして人を侮る」は、後者では「大王は慢にして」、「恣に人を侮」るという同一の文章で形容され、また前者の「項羽は仁にして人を愛す」は、後者では「項王は人と為り恭敬にして人を愛す」という同様の表現で描写される。そして利害得失を計算して、高祖が論功行賞に着手したという主旨も、両者の間に変わるところはない。おそらく両者は同工異曲の挿話にもとづいて、後日作成された問答であったにちがいない。

これら二つの記事には多分に後代の潤色が含まれているであろうが、このような問答がしばしば高祖と側近との間で交わされたであろうことは想像にかたくない。『新語』もまた同様の経緯をへて一書にまとめられたはずである。また『史記』巻一〇二張釈之列伝を見ると、文帝時代の話柄であるが、「是こに於いて釈之は秦漢の間の事、秦の失ないし所以、而して漢の興りし所以の者を言う。之れを久しうして、文帝善しと称す」と記されるのも、当時、秦の亡国と漢の建国の「所以」をめぐる問答が、一種の常習となっていたことを物語るものであろう。このような高起・王陵や陳平との問答の内容から類推しただけでも、『新語』の全篇において、高祖の肝心な質疑に相応する具体的な文章を全く見出し得ないということは、いかにも不可解な印象を払拭することはできない。

他方、同じく当該の『陸賈列伝』を見ると、漢高十一年（前一九六）、南越に派遣され、南越王の尉佗から高祖の人物評を求められたさいに、彼は「皇帝は豊沛に起こり、暴秦を討ち、彊楚を誅し、天下の為に利を興して害を除き、五帝三皇の業を継ぎ、中国を統理す。……。王何ぞ乃ち漢に比せんや」と答えたという挿話が残されている。つまりここでは、陸賈自身によって、高祖の出自や天下統一にいたる事情が誇らしげに語られているのである。このような対話の断片と比較するとき、それに類似した高祖に対する評価や賛美が、『新語』の篇中に片言隻語も存在しないということは、それ自体が高祖の直接の要請によって成立した著作であるとされるだけに、『新語』の真作説に対して根本的な疑義をいだかせる結果となる。

さらに三点を補足すると、まずその一点として、前掲の王応麟『漢書芸文志攷証』巻五に、

呉儔曰く、輔政篇（術事篇の誤り――福井注）に曰く、書は必ずしも仲尼の門に起こらず、と。夫れ仲尼の書を黜くれば、則ち道尊《たっと》からず。烏《いずく》んぞ高帝をして儒術を行わしむること能わんや、と。

とある一文も無視できない。少なくとも『陸賈列伝』によるかぎり、高祖は陸賈に対して、「何ぞ詩書を事とせんや」と罵倒し、それを機縁に陸賈が言上したのが『新語』であるとされている。とするならば、ここで陸賈自身が肝心の『書』を無用視するかのような発言を行なうこと自体、論理的に矛盾することになるはずである。事実、後世の史料であるが、『弘明集』巻一を見ると「或いは問うて曰く」に答えて、

牟子曰く、書は必ずしも孔丘の言にあらず。薬は必ずしも扁鵲の方にあらず。義に合する者は従い、病を愈す者は良しとす、と。

とあり、ここに『新語』と相似した文章が見出されるが[38]、これは儒教の経典といえども必ずしも孔子の

発言と関係のないことを主張するために用いられた文言である。この点から考えても、呉儔の漏らす不審感にも、一理あることを認めなければならない。

またその二点として、これによく似た文章が、同じ述事篇に「春秋は上は五帝に及ばず、下は三王に至らず。斉桓、晋文の小善を述ぶるのみ」として見出される。ここにいう『春秋』に対する評価も、けっして高いとはいいがたい。少なくとも儒学を奨励する立場にある人物の口にすべきことばではないであろう。というよりも、このような二点の無用の言説が、なにゆえ『新語』の中に採用されなければならなかったのか、その理由については理解に苦しむほどである。

さらにその三点として、古く宇野哲人氏(39)は「史記に陸賈の言を叙して逆取順守の説あり、故に先儒多く之を議せり。然れども新語を読むに此の説あること無し。司馬遷が己の意を以て文飾したるに非る無きを得んや」(三〇六頁)と述べて『新語』の文中に陸賈が得意としたはずの「逆取順守」の意見が全く見えないことを不可解とする読後感を漏らしている。

しかし不可解な問題はただ右に挙げた二、三の事例にのみとどまるものではない。とくに漢代思想の側面から観察するとき、そこにはいくつかの同様に疑問に付すべき問題が浮かび上がってくる。『新語』全文に披瀝される思想の中で、とくに注意を喚起する問題は、そこに天人相関などを基調とした特異な陰陽・災異の思想傾向が色濃く見出される点である。たとえばまず開巻冒頭の道基篇に、

伝に曰く、天は万物を生じ、地を以て之れを養い、聖人もて之れを成さしむ。功徳参合して、道術

焉れに生ず、と。故に曰く、日月を張り、星辰を列ね、四時を序《つい》じ、陰陽を調え、気を布きて性を治む。五行を次置し、春生じて夏長じ、秋収めて冬蔵す。陽は雷電を生みて、陰は霜雪を成し、群生を養育して、一茂一亡す。……。之れを改むるに災変を以てし、之れに告ぐるに禎祥を以てし、之れを動かすに生殺を以てし、之れを悟らすに文章を以てす。

と起筆されるように、最初から陰陽・災異の理論をもって自然や人為が説明され、「災変」「禎祥」「生殺」「文章」による応報思想が披瀝される。そしてそのあとに「天地人」や「天人合策」の主張がなされ、「陽気は仁を以て生じ、陰節は義を以て降る」ことを強調した文章がつづく。

さらに「積徳の家に、必ず災殃無し」（懐慮篇）と説き、また「悪政は悪気を生じ、悪気は災異を生ず。……。治道下に失なわるれば則ち天文上に変じ、悪政民に流るれば則ち螟蟲野に生ず」（明誠篇）と述べる。そして閉巻最後の思務篇に、

夫れ学者は神霊の変化に通じ、天地の開闔に暁る。……。臣は君を凌がざれば、則ち陰は陽に□□せず。……。聖人は変に因りて功を立て、異に由りて太平を致す。……。故に善者は必ず主る所有りて至り、悪者は必ず因る所有りて来たる。夫れ善悪は空しくは作《おこ》らず、禍福は濫りには生ぜず。唯だ心の向かう所、志の行く所にあるのみ。

とあって、『新語』の全篇が擱筆される。すなわちそこには陰陽・災異の思想を随所に織り雑ぜた特異な〝儒家思想〟が展開されているのである。

一体、このような偏向的で変則的とでもいうべき〝儒学〟が、前漢初期にも有力な学説として存在していたのであろうか。前節で紹介したように、『新語』には『淮南子』と共通類似する思想内容が認められるとする学説もあるが、そのことは『新語』の成書が『淮南子』以前にあるのではなく、それ以後にあることを逆に示す反証にもなり得るものである。先秦・秦漢時代の文献を虚心に通読するかぎり、『新語』の文章全体から受ける読後感は、基本的にはそれが前漢末・後漢初の作品であることを感じさせずにおかない。(40) このように『新語』の真偽性をめぐって従来の学説を跡付けつつ、いくつかの考証を重ねてくると、この書物を陸賈の真作であると見なすことにはやはり無理があり、その真撰説は根本的に成立しがたいという結論に達せざるを得ない。

それでは『新語』はいつ何びとによって撰述された書物と見なすべきであろうか。この疑問に対して興味ある推論を下すのは、金徳建氏による二つの論考(41)である。以下、最初に金氏の結論の一部を紹介し、つぎにその驥尾に付して、福井自身の見解を加えることにしたい。

その第一の論文において、金氏は『穀梁伝』の成書年代を景帝年間のことと見なし、『新語』の成立は少なくとも「武帝時候或いは武帝以后」の時代と推定する。さらに第二の論文において、氏は『新語』懐慮篇に述べられるつぎの一節の末尾に注目する。

夫れ世人は詩書を学びて、仁義を存《たも》ち、聖人の道を尊びて、経芸の深きを極めず。乃ち不験の語を論じて、不然の事を学び、天地の形を図きて、災変の異を説き、先王の法に乖《もと》りて、聖人の意に異なり、学者の心を惑わして、衆人の志を移す。天を指して地を画き、世事を是非す。人を動かすに邪変を以てし、人を驚かすに奇怪を以てす。之れを聴けば神の若く、之れを視れば異あるが如し。然れども猶以て厄を済いて其の身を度《すく》う可からず。或いは罪□□の法に触れ、辜戮を免れず。

すなわち氏は文中の「邪変」や「奇怪」をもって世人を「驚動」させたために、自らの発言によって刑罰や罪科を免れることができないという文章を俎上に載せる。そして氏は「此れ京房、翼奉の倫の免れざる所以」と注記する唐晏の校釈(42)を逆用して、このように災異について言及した結果、それが実際に罪に問われるようになる時代は、前漢後期の元帝・成帝の年間にこそふさわしいと主張する。そしてさらにこれ以外にもいくつかの論拠を挙げて、氏は具体的に「《新語》の作者」はおそらく「劉向・谷永一派の儒家の手に出」たものであろうと結論付ける。この推論はすでに張西堂(43)によって、「其れ諸《これ》劉歆の偽造する所の者ならんや」と唱えられていた説と共通するが、おそらく金氏自身、独自にこの劉氏偽作説ともいうべき所説を追認する結果となったのであろう。

周知のように、『漢書』巻七五眭両夏侯京翼李伝の賛を見ると、「漢興りて陰陽を推し、災異を言う者」として、董仲舒以下九名の学者の氏名が連記されているが、そのうち「仲舒は吏に下され、夏侯(始昌)は囚執され、眭孟は誅戮され、李尋は流放せらる。此れ学者の大戒なり」と評されている。この賛文によると、このような陰陽・災異の思想の持主が、懐慮篇に描き出される「罪□□の法に触」れ、

「辜戮を免れ」ない舌（筆）禍事件を頻発するようになるのは、前漢初年ではなく、早くとも武帝以後のことと見なされる。しかもそれが処罰の対象として具体的に法令化するようになるのは、昭帝時代に「大逆不道」の罪名によって、実際に「誅に伏」した眭弘（孟）をもって最初とするとされる。とするならば、『新語』の描写する時代相は、金氏の擬定するように、前漢初期のそれではなく、少なくともその後半期に求めなければならないであろう。以上が金徳建氏による『新語』の偽作説の新見解である。

しかしこのように『新語』が一般に想定されているよりもかなり晩出の史料であるという推論は、ただ右の金氏の挙例によってのみ尽きるのではなく、さらにつぎの三点の私見を追加することができる。

まず第一に、『新語』に「無為」と題する一篇が設けられ、冒頭に、

> 道は無為より大なるは莫く、行ないは謹敬より大なるは莫し。何を以てか之れを言わんや。昔舜の天下を治むるや、五弦の琴を弾き、南風の詩を歌う。寂として国を治むるの意無きが若く、漠として天下を憂うるの心無きが若し。然り而して天下大いに治まる。周公は礼楽を制作し、天地を郊《まつ》りて、山川を望む。師旅は施かれず、刑は格《ただ》されて、法は懸けらる。而して四海の内、奉供して来臻し、越裳の君、訳を重ねて来朝す。故に無為なる者は乃ち有為なり。

と起筆されるように、それは無為の政治に対する賛辞に満ちた一篇である。前漢初期に、一時、無為や黄老思想が流行したことはよく知られた事実であるから、一見して右の文章は当時の世相とも関連するかのようである。しかしその慎微篇を見ると、

乃ち身を苦しめて形を労《やつ》し、深山に入りて神仙を求め、二親を棄てて骨肉を損う。五穀を絶ちて詩書を廃し、天地の宝に背き、不死の道を求む。世に通じ非を防ぐ所以の者に非ざるなり。

という一節が示される。これによると、いわば苦行・入山・捨身・辟穀などを手段とする求仙や不死の願望が糾弾され、非難の対象とされていたことがわかる。『史記』巻五五留侯世家を見ると、高祖創業の功臣の一人張良は、「願わくば人間の事を弃て、赤松子に従いて游ばんと欲」し、「穀を辟けて導引し、身を軽くするを学」んだと述べられているが、それはあくまでも「列侯の位」に登り、「布衣の極」に達し、位人臣をきわめた一個人の退官後の処世観を伝えたものであって、そのような神仙的な願望が一般に流布していたとは考えがたい。とするならば、一体、高祖の建国当初に、このような社会問題とされるほど、神仙思想が世上に蔓延していたのであろうか。(44) しかも慎微篇のその直後に、「夫れ布革を播《す》て、毛髪を乱し、高山に登り、木の実を食《くら》い、之れを視るに優游の容無く、之れを聴くに仁義の辞無し。忽忽として狂癡の若く、……。君傾くも而も扶《たす》けず、国危うきも而も持せず。……。世を避くと謂う可くも、而るに道を懐く者には非ざるなり」という批判の文章がつづく。『漢書』巻二五下郊祀志下を見ると、成帝の末年、谷永は、

世に僊人有り。不終の薬を服食し、遙かに興り軽く挙がる。……。皆姦人にして衆を或《まど》(惑)わし、左道を挟みて詐偽を懐き、以て世主を疑罔す。……。唯だ陛下には此の類を距絶し、姦人をして以て朝を窺う者有らしむる毋かれ。

と上言しているが、右の『新語』の文章は、まさにこの成帝時代の実状にこそ符合するものである。また『新語校注』の注〔九〕（九四頁）にも引かれるように、『法言』君子篇に、「或るひと問う、人は仙者を言う、諸有《これ》りや、と。……。或るひと曰く、世に仙無ければ則ち焉んぞ斯の語を得んや、と。曰く、語なる者は、囂囂なるに非ざるか。惟だ囂囂なるのみ、能く無をして有為《た》らしむ、と」とあり、また『漢書』巻三〇芸文志方技略に、「然り而して或いは専ら以て務めと為し、則ち誕欺怪迂の文弥々以て益々多し。聖王の教うる所以に非ざるなり」とあるように、神仙思想の横溢はやはり前漢末期の世相を反映するものである。このような無為・神仙の色彩を濃厚に内包する文言に接するとき、『新語』は漢初の時代相を投影する作品であるとするよりも、いわゆる原始道教に近接する思潮や論調が一世を風靡するようになった時代、すなわち前漢後期以降の時代の所産であると見なす方が、より妥当で適切な結論となるように思われる。

第二に、『新語』の各篇に、讖緯思想の片鱗が頻繁に見出されることである。上掲の懐慮篇はその典型的な文章であるが、それ以外にも、「周公は堯舜と符瑞を合し、二世は桀紂と禍殃を同じうす」（術事篇）、「天地を斉《ととの》え、鬼神を致さば、河は図を出だし、洛は書を出だす」（慎微篇）、「乃ち不験の語を論じ、不然の事を学び、天地の形を図《えが》き、災異の変を説く」（懐慮篇）、「去事を追治して、以て来世を正し、図籙を按記して、以て性命を知る」（本行篇）、「悪政は悪気を生じ、悪気は災異を生ず。……。言は占、図暦の変を御《おさ》め、下は風化の失を衰（哀）れむ」（明誠篇）等々とあり、最後に「聖人は変に因りて功を立て、異に因りて太平を致す」（思務篇）ことが力説される。すなわち「符瑞」「禍殃」「鬼神」「河図」「洛書」「災異」「図籙」「図暦」「変異」等々、そこには人知を超越した図讖的な言句や表現が一貫して底流しているのである。事実、懐慮篇の「之れを聴けば神の若く、之れを視れば異あるが如し」という一節に対して、前記の唐晏[45]は「按ずるに、世に讖緯の説は哀（帝）平（帝）自り起こると謂うも、今陸生の言う所に拠れば、則ち戦国以来之れ有り」と注して、懐慮篇の文章全体を一種の図讖説と見なし、その淵叢を戦国時代にまで遡らせている。

緯書説の起源を確定することは困難であるが[46]、このような図讖を背景とする考え方が成立し、有力な時代思潮として発展するのは、『後漢書』巻五九張衡伝に、「成（帝）哀（帝）の後に乃ち始めて之れを聞く。……。則ち図讖の哀平（帝）の際に成りしことを知るなり」と記され、また荀悦『申鑒』俗嫌篇に、「中興の前に起こる有るも、終（軍）張（良）の徒の作ならんか」と述べられるように、一般に前漢末期のこととされている[47]。また『漢書』巻七五李尋伝に、はじめて「五経六緯」という用語が出現するが、それは成帝末年の元延年間（前一二～前九）のことである[48]。したがって、「河図洛書」をはじめとして、『新語』の諸篇の中に讖緯的な文言が少なからず登場するということは、直接間接に本書がいわゆる両漢交替期の思想的情況を反映するものではなかろうか。

このばあいもっとも参考に資する考察は、前節で挙げた呂思勉『論学集林[49]』《新語》采詩讖の項におけるつぎの指摘である。すなわち氏は右の張衡伝に、凡そ讖は皆以為《いえ》らく、黄帝は蚩尤を伐つ、と。而るに詩讖のみ独《ただ》以為らく、蚩尤敗れ、然る後に堯は命を受く、と。

とある記事に着目する。[50] それと同時に、『新語』思務篇に、

堯は蚩尤の失を承けて、欽明の道を思う。

とある一文を見出し、このような堯は蚩尤の失政のあとを承けるという発想は、ただ緯書にのみ特有な考え方であるとして、「今の《新語》は、決して偽書為り」と断言する。

『史記』高祖本紀の秦の二世元年（前二〇九）の条を見ると、「（沛公）黄帝を祠り、蚩尤を沛の庭に祭る」と記されるように、蚩尤はただ黄帝との闘争説話の中においてのみ登場するのが一般であって、[51] このように堯との関係において言及されることは、緯書をおいて他に例がないとされる。とするならば、このような内容の一篇を含む『新語』は、図讖が世間一般に流布するようになった前後の時代の作品であると認定しなければならないから、自ずからその漢初成立説は根本的疑義にさらされることになる。

最後に第三に、『新語』の文中に、前漢初期の政治の実情や制度と照合して、それと乖離齟齬する時期尚早の記事が見受けられることである。たとえばその一つとして、さきにも引用したように、その資質篇に、

公卿の子弟、貴戚の党友は、人に過ぐるの能無しと雖も、然れども身は尊重の処に在りて、之れを輔くる者は強くして、之れを飾ること衆し。達せざる靡きなり。

とある一節を挙げることができる。いうまでもなく、高祖就位直後の漢は、戦国・秦以来の社会の疲弊や混乱を修復し、新興国家としてようやく政治的な基礎を固めつつあった時代である。しかも皇帝をとりまく側近官僚の大多数は、もともと布衣から身を起こして、漢王朝に勲功を立てた幕僚によって占められていた。[52]『史記』儒林列伝序に、「孝恵、呂后の時、公卿は皆武力有功の臣」とされ、また『漢書』巻三六楚元王伝＝劉歆伝所載の「移太常博士書」に、「孝恵の世に至りて、乃ち挟書の律を除く。然れども公卿大臣、絳灌の属は咸《みな》介冑の武夫にして、以て意と為すこと莫し」とされるように、漢初の「公卿」はいわば成り上りの無頼の武臣によって構成されていた。『史記』巻九六張丞相列伝の任敖伝を見ると、「漢興りて自り、孝文に至るまで二十余年。会々天下初めて定まり、将相公卿は皆軍吏なり」とあるように、そのような状態は文帝の時代にもなおつづいていたことが知られる。

一方、「貴戚」という用語は、『孟子』万章篇下に「貴戚の卿有り、異姓の卿有り」などとして散見するが、東晋次氏の研究[53]によると、「『漢書』によるかぎりでは、貴戚の語が用いられるのはほぼ武帝期以後である」（一一〇頁）ことが指摘されている。したがって、当時、「公卿」に属するような顕官は存在したものの、まだ真の意味における「貴戚」は誕生していなかったはずである。ましてや彼らの「無能」な「子弟」や「党友」が立身して、「尊重の処」を独占するような特権階級を形成していたことなどは、歴史的にあり得べからざる事態であったと断定せざるを得ない。また増淵龍夫氏の研究[54]によると、「『党』『党友』『党親』という語が漢書において宣・元帝以後の記載から顕著にめだってくる」（二九二頁）ことが論証されている。事実、王利器氏[55]は「党友」の二字に注釈して、『漢書』巻六〇杜周伝と同巻八一孔光伝に見出される二つの用例を挙げているが、両者はともに成帝年間に使用されている用語であることに注意したい。

さらに時期尚早を示す『新語』の別の事例として、本行篇の、

善と悪と相干《あいおか》さず、貴と賤と相侮らず、強と弱と相凌がず、賢と不肖と相踰《こ》ゆるを得ずして、科第相序《つい》ず。

という短文を挙げることができる。この中で問題となるのは最後の四字である。『漢書』巻九元帝紀の永光元年（前四三）の条を見ると、

二月、丞相、御史に詔して、質樸、敦厚、遜譲、有行の者を挙げ、光禄をして歳ごとに此の科を以て、郎、従官を第せしむ。

と記されているが、その注に「始めて丞相、御史に令して此の四科の人を挙げ、以て之れを擢用せしむ。……。又光禄をして毎歳此の科に依りて、考校して其の第の高下を定め、用《もっ》て其の人の賢否を知るなり」と解釈されている。王利器氏[56]はまたこの記事を引用して、「則ち科第とは科に依りて考校し、其の高下を第して、之れをして相序ぜしむ。甲科、乙科の如きは是れなり」（一四六頁）と注記しているが、「科第」とは科目によって人材採用の等第を査定することであり、また「相序」とはその序列が順当であることをいう。ここで注意すべきは、この「科第」による官吏登用の方法は、一般に光禄茂材（四

行）とよばれ、元帝時代に創始されて以来、しだいに普及するようになった制度であるということである。(57) したがってこの「科第」の用例から判断するかぎり、『新語』の成書年代は、自ずから右の永光元年以降の時期に限定されることになる。

このように高祖の配下の高官や貴族の門弟が世襲的に官位を私物化したり、また「科第」とよばれる官人抜擢の選挙法が制度化されるにいたるのは、やはり前漢末期の政治の大勢や実情に対応するものとしなければならない。

以上、『新語』の真偽問題をめぐって、いくつかの考察を重ねてきた結果、そこにはなお未解決の基本的な問題点が潜在していることが明らかにされる。すなわちあらためて『日鈔』の提起した二点、呉儔や宇野哲人氏の示唆した各一点、金徳建氏の問題とした二点、呂思勉氏の指摘した一点、筆者自身の補足した三点等々の疑問点は、前節で取り上げた相原俊二氏の二論考などとともに、軽視あるいは黙殺されたまま、今日まで一向に顧慮されることはない。しかしそれらの疑問視する問題の一々を再点検してみると、『新語』を漢初の陸賈の真撰とする従来の主張は、さまざまの観点から判断して、やはり成立しがたいという結論に達せざるを得ない。さらに『新語』の各所に垣間見られる思想や記載内容を再検討するとき、少なくともそれは前漢後期以降に撰述された作品であると見なさなければならない。したがって以上の挙例と結論に対して否定的な反論をなし得ないかぎり、前漢初期の代表的な史料として、無媒介に『新語』を使用することは不可能となるであろう。

その好例として挙げられる問題の一つに、『新語』における「五経」と「六芸」という用語の存在がある。すなわちその道基篇に、

礼儀行なわれず、綱紀立たず、後世衰廃す。是こに於いて後聖は乃ち五経を定め、六芸を明らかにし、天を承けて地を統《す》べ、事を窮めて微を察し、情を原《たず》ねて本を立て、以て諸《これ》を人倫に緒《たず》ねり。

とあり、ここに五経と六芸の用語を見出すことができる。また術事篇に、「五経の本末を校修す」とあり、さらに本行篇に、「六芸を表定し、以て儒術を重んず」とあって、これら三篇の文中に五経と六芸の表現がそれぞれ二例ずつ寓目される。しかもそれに対応するかのように、道基篇の末尾には、「春秋は仁義を以て貶絶し、詩は仁義を以て存立し、……、書は仁を以て九族を叙し、……、礼は仁を以て節を尽くし、楽は礼を以て升降す」とあり、また本行篇には、詩・書・礼・楽の名目が列記されている。したがってもし『新語』を陸賈の真撰と見なすことができるとするならば、これら三篇に記載される六芸と五経が、それらの用語の初見と認めることが可能である。

しかし六芸はともかく、ここで疑問とされるのは、五経という表現である。ただその用語の有無のみに焦点を絞って、先秦・秦漢時代の文献史料や出土資料を調査してみると、前漢武帝による五経博士の設置という有名な記事を唯一の例外として、五経とは前漢後期に出現し、後漢に入って発展した用語や概念であることが判明する。(58) したがってもし『新語』が漢初の述作であるとするならば、その二篇の中に五経という術語が再度登場するということは、それ自体、用語の沿革から見てきわめて偏頗に先行し

た非歴史的な異例に属することになる。(59)

王利器氏(60)は右の道基篇の一文に、「孔子より後、五経を称説する者は、当に陸氏の此の文をもって最先と為すべし」（一八頁）と注している。しかしもし以上の考証の結果が是認されるとするならば、現存する『新語』は陸賈の著作ではなく、したがって前漢初期の作品であるとは認めがたいことになるから、氏によって代表されるような見解は、成立しがたいといわなければならない。そしてこの一点から逆に判断しただけでも、『新語』が漢初に陸賈によって撰述されたという真作説は、根本から疑問視されなければならないであろう。

## 結語

最後に『新語』と董仲舒との関連性について一言しておくことにしたい。『新語』を一読して誰しも容易に気付くことは、その篇中に董仲舒と類似した〝先駆的〟な思想や表現が見出される点である。(61)たとえば『新語』にいう「天人策を合し、原道悉く備わる」（道基篇）は、『漢書』巻五六董仲舒伝にいう「臣謹んで春秋の中を案じ、前世已行の事を視、以て天人相与の際を観るに、甚だ畏る可きなり」（第一策）や「天人の徴は、古今の道なり」（第三策）の意味する天人相関思想と揆を一にする。また前者の「善く古を言う者は、之れを今に合し、能く遠きを述ぶる者は、之れを近きに考う」（術事篇）という一節は、『荀子』性悪篇に見出されるが、後者の「善く天を言う者は、必ず人に徴有り、善く古を言う者は、必ず今に験有り」（第三策）という文章に類似する。さらに『新語』に、「一治を同じくして一統を明らかにする所以なり」（懐慮篇）とある文言は、董仲舒伝に、「春秋の一統を大《たっと》ぶは、天地の常経にして、古今の通誼なり」（第三策）の文意と無縁ではなかろう。さらに一般に五常の用語は董仲舒の対策をもって比較的早い用例の一つに数えられているが、『新語』に、「天道は四時を調え、人道は五常を治む」（術事篇）とあって、その名目は不明であるが、五常の用例があることも参考にされる。

一方、『論衡』に目を転じると、そこに陸賈と董仲舒とが同類的に併記されていることに注意される。すなわちその超奇篇に、「夫の陸賈、董仲舒の若きは、世事を論説するに、意由りして出で、外より仮取せず」とあるなどがその好例である。とくに興味深いことに、その案書篇に、「新語は陸賈の造りし所、蓋し董仲舒の相被服し、皆君臣政治の得失を言う」とされるように、当時、それは董仲舒に影響をあたえた書物の一つであると考えられていたらしい。『漢書』巻一〇〇上叙伝上の班固「答賓戯」に、「近者陸子は優繇として新語以て興り、董生は帷を下して藻を儒林に発《あら》わす」とあるのも、これと同工異曲の文章である。

以下の結論は単なる一つの推測にすぎない。しかし敢えて大胆に仮説を立てるとするならば、前漢末・後漢初のある時期に、董仲舒の後学の一派は、天人相関などの思想は、董仲舒によってはじめて唱導されたものではなく、それ以前すでに漢初に存在していたことを主張しようとした。いわばその歴史的な正統性を誇示するために、陸賈に仮託して偽作された史料、それがほかならぬ『新語』十二篇であったという推測である。ただしそれを直接証明できる記録はない。しかし董仲舒をめぐるさまざまの問題に再考察を加え、前漢武帝以後、後漢初期にいたる時代思潮について再検討を試みるとき、あらためてこの推測が一応の可能性や蓋然性をもって見直されるようになるはずである。近い将来における証明を期したい。

**注**

（1）『世本』については、陳夢家「世本考略」（同氏『六国紀年』所収、学習生活出版社、一九五五年）、銭剣夫「試論《世本》之制作年代及其価値」（『中国歴史文献研究』二、一九八八年）などの論考がある。

（2）吉本道雅「史記原始㈠――西周期・東遷期――」（『古史春秋』四、一九八七年）の注（1）によると、「今日の『世本』と『史記』との間に、殊に王侯の諱等に関してかなりの相違があることを考慮するならば、『史記』による『世本』の引用が班氏父子の誤認に係る可能性さえ否定できない」とされ、さらにこの論考を含めてまとめられた同氏の概説書『史記を探る――その成り立ちと中国史学の確立――』第二章『史記』の材料（東方書店、一九九六年）によると、「『漢書』司馬遷伝論賛が主張するような『史記』の『世本』引用ということは成立しない」（七八頁）と述べられる。同様に、藤田勝久「『史記』戦国系譜と『世本』」（同氏『史記戦国史料の研究』第四章所収、東京大学出版会、一九九七年）は、この史料を詳細に分析した結果、「後漢の班彪・班固父子がいうように、司馬遷が『世本』を材料にしたという説は、『戦国策』『楚漢春秋』などの利用とともに再検討を要する」（一四八頁）と主張する。この『史記』による『世本』底本説を一例として、『漢書』には信用しがたい記事が少なくない。

（3）一九七三年に湖南省長沙市馬王堆三号漢墓から出土した帛書の一部は、最初、馬王堆漢墓帛書整理小組によって、暫定的に『戦国策』と命名されたが、のちに『戦国縦横家書』と改名されたように、前漢前期に『戦国策』とよばれる書物が存在したわけではない。この帛書については、工藤元男「馬王堆出土『戦国縦横家書』と『史記』」（早稲田大学文学部東洋史研究室編『中国正史の基礎的研究』所載、早稲田大学出版部、一九八四年）、佐藤武敏監修、工藤元男・早苗良雄・藤田勝久訳注『馬王堆帛書　戦国縦横家書』（朋友書店、一九九三年）、藤田勝久「馬王堆帛書『戦国縦横家書』の構成と性格」（注（2）所引同氏著書第五章所収）を参照。

（4）鄭鶴声『司馬遷年譜』（商務印書館、一九三三年）

（5）銭穆『漢劉向・歆父子年譜』（台湾商務印書館、一九八〇年）による。

（6）班彪『後伝』については、福井重雅「班彪『後伝』浅議」（塩入良道先生追悼論文集『天台思想と東アジア文化の研究』所載、山喜房仏書林、一九九一年）を参照。大幅に補正して、本書付節一に収録。

（7）前節注（22）所引金氏著書は、さまざまの観点から『史記』の依拠した祖本を復元しようと試みているが、そこには『世本』や『戦国策』は司馬遷の「所見書」として挙げられていない。阮芝生「太史公怎様捜集和処理史料」（『書目学報』七―四、一九七四年）によると、「司馬遷写史記時使用的書籍百八十八種」とされている。なお『史記』とその藍本については、日本では、滝川亀太郎「史記資材」（同氏『史記会注考証』巻一〇史記総論所収、東方文化学院、一九三二～三四年）、エドゥアール＝シャヴァンヌ・岩村忍訳『司馬遷と史記』（新潮社、一九七四年）、沢谷昭次「『史記』の作者たちについて」（『東洋学報』六〇―三・四、一九七九年。のちに同氏（後藤均平編）『中国史書論攷』所収、汲古書院、一九九八年）、前節注（2）所引佐藤氏著書、本節注（2）所引藤田氏著書など、中国では、李長之『司馬遷之人格与風格』第六章司馬遷之

体験与創作（下）――史記各篇著作先後之可能的推測、上海開明書店、一九四八年。のちに生活・読書・新知三聯書店再版、一九八四年。李長之・和田武司訳『司馬遷』、徳間書店、一九八八年）、前節注（2）所引顧氏著書、陳夢家「漢初及其前的紀年材料」（注（1）所引同氏著書所収）、盧南喬「論司馬遷及其歴史編纂学　付録――史記材料来源之一――」（『文史哲』一九五五―一一。のちに呉沢主編『中国史学史論集』（一）所載、上海人民出版社、一九八〇年）、張大可「論史記取材」（同氏『史記研究』所収、甘粛人民出版社、一九八五年）などの多数がある。

（8）前節注（3）所引白川氏著書

（9）前節注（1）所引王氏著書付録一新語佚文

（10）前節注（30）所引金谷氏著書

（11）本書の詳細については、水沢利忠『史記正義の研究』（汲古書院、一九九四年）を参照。

（12）前節注（30）所引金谷氏著書は、「そうだとすると」（二六六頁）、「もしこのように考えられるならば」（同上）と仮定を重ねたのちに、「さきの弁惑篇のことば、『今、上に明王聖主なく、下に貞正の諸侯なし。』というのなども、高祖時代のことばとしてはもとより落ちつかないが、もしこれを呂太后の時代、陸賈の退官後のひそかな憤懣とみれば、何の不都合もない」（二六七頁）と推定している。とするならば、『新語』十二篇は、何らかの形で高祖の存命中あるいは死後に進呈されたのちに、あらためて書き加えられたことになる。しかし当時、一たん公的にまとめらて奉上された作品に対して、後年に加筆補訂することが可能であったのであろうか。呂后専権の時代は、恵帝元年（前一九四）から少帝（弘）四年（前一八〇）までの期間であり、また鄭鶴声『司馬遷年譜』によると、司馬談が太史公に任命されたのは、建元元年（前一四〇）のこととされる。もし金谷説のごとくであれば、現行の『新語』はこの四十年間に改作されたのちに世に現れて、『史記』に採録されたと推測しなければならなくなる。伊藤徳男「武帝と『史記』と直筆」（同氏『史記十表に見る司馬遷の歴史観』第七章所収、平河出版社、一九九四年）によると、司馬「談が修史の計画準備に着手した年次は、もとより不明だが、談の手で撰修されたと推定される何篇かが、すでに数えられているので、相当早い時期に着手されたと想定しても、大きな誤りとはならないだろう」（二三六頁）と考えられているが、これによると、この四十年はかなり微妙な時間差を示すものである。

（13）章学誠『校讎通義』巻二補校漢芸文志十一之四、孫徳謙『漢書芸文志挙例』互著例を参照。なお鈴木由次郎『漢書芸文志』（中国古典新書、明徳出版社、一九六八年）は、「班注の意味は、伊尹、……、陸賈、淮南王の九家は、班固の拠った七略には、儒家、道家、縦横家、雑家にそれぞれ著録され、また別にその中の兵法を説くものを択んで、重ねてこの兵権謀家に入れてあった。そしてその篇数は計二百五十九篇であった。しかるに班固の芸文志では、両者重複して著録されているのを唯だその専家のところにだけ存して、この兵権謀家で省略したということ」（二四二頁）と説明している。また戴南海「《別録》《七略》《漢書・芸文志》在目録学史上的地位」（『秦漢史論叢』二、一九八三年）、大庭脩「兵書の書誌」（同氏『漢簡研究』第二篇第三節所収、同朋舎出版、一九九二年）を参照。

（14）厳可均『鉄橋漫稿』巻五新語叙

（15）張西堂『穀梁真偽考』（北平景山書社、一九三一年）、山田琢「穀梁伝の成立について」（同氏『春秋学の研究』九所収、明徳出版社、一九八七年）などを参照。前節注（41）田中氏論文後者は、「穀梁赤の旧伝の存在は、史実としては考えられない」（一八九頁）と断定する。

（16）前節注（8）所引王氏「陸賈新語識語」

（17）前節注（8）所引戴氏「陸子新語序」

（18）前節注（5）所引余氏「四庫提要弁証——新語——」

（19）浮邱伯については、前節注（17）所引武内氏著書を参照。

（20）前節注（5）所引余氏論考

（21）董同龢『上古音韻表稿』（『中央研究院歴史語言研究所専刊』甲種二一、一九四八年。のちに一書として出版、台湾国風出版社、一九七五年）などによると、上古では、浮・鮑・包はすべて同じ幽部に属し、声母もみな唇音であるとされる。また高亨『古字通仮会典』（斉魯書社、一九八九年）によると、『説文』に、「桴或いは抱に作る」とあり、さらに『墨子』尚賢中に、「親《みずか》ら庖人と為る」とある「庖人」は、『呂氏春秋』孝行覧本味では、「烰人」と表記されていることが指摘されている。早稲田大学文学部教授古屋昭弘氏の示教による。

（22）『陔余叢考』巻三四安期生浮邱伯を参照。

（23）宮崎市定「史記李斯列伝を読む」（『宮崎市定全集』五Ⅱ史記所収、岩波書店、一九九一年）は、「荀子とその三人の弟子の物語」という一節を設け、李斯・韓非子とともに、この浮邱伯（包丘子）を挙げて、『史記』巻八七李斯列伝は、これら「三人三様の人生観を描いて世を諷刺したものである」（二六〇頁）と論述して、同伝を構成する基本資料の一部を考察している。興味深い着眼ではあるが、氏自身『史記』は「包丘子の分は全然削除して用いない」（同上）と記しているのであるから、『史記』に記述されることのない浮邱伯が、氏の想定するような歴史的な隠遁者であったとは考えがたい。

（24）本田成之「前漢の哲学」（三）（『支那学』二―一二、一九二二年）は、「浮邱伯は甕牖蒿廬、潦瀸の蛙の如くであった」と形容し、また山田統「伯魚と陳亢」（『国学院雑誌』七六―一一、一九七五年。のちに『山田統著作集』三所収、明治書院、一九七九年）は、「浮邱伯は、いうまでもなく、丘に浮かんで人白する人であろう。浮と包との音をいうまでもなく、浮丘伯と包丘子とは同一人であり、その名は、ともに蛙から発想された擬人名であり、蝦蟆の人である」（三六六頁）と述べる。浮邱伯を実在上の人物と見なさない異説もあることに注意を要する。

(25) 注(19)所引武内氏著書の中にも、浮邱伯が『穀梁伝』の学者であったことなどは、一言も述べられていない。また山口義雄「春秋穀梁伝の成立」(『広島大学文学部紀要』二、一九四二年)は、『漢書』儒林伝によって、『穀梁伝』の学統の復元を試みているが、そこにも浮邱伯の氏名を見出すことはできない。

(26) 注(18)所引余氏論考

(27) 前節注(21)所引劉氏著書

(28) 前節注(41)所引田中氏論文後者

(29) 劉敞『春秋権衡』巻一四

(30) 『穀梁伝』が前漢後半の成書になるとする主張は、古くは、本田成之「経学史上に於ける穀梁家の地位」(『内藤博士還暦祝賀支那学論叢』所載、弘文堂書房、一九二六年)、重沢俊郎「春秋穀梁伝の思想と漢の社会」(『支那学』一〇―一二、一九四〇年)などがあり、また比較的新しくは、著書中の論考に限定すると、渡辺卓「前漢時代における春秋著作説話」(前節注(22)所引同氏著書所収)、佐川修「『公羊』『穀梁』二伝先後考」(同氏『春秋学論考』Ⅱ第二章所収、東方書店、一九八三年)、日原利国「白虎観論議の思想史的位置づけ」(同氏『漢代思想の研究』第二部四所収、研文出版、一九八六年)、注(15)所引山田氏著書、岩本憲司『春秋穀梁伝范甯集解』あとがき(汲古書院、一九八八年)などがある。近年の野間文史「春秋三伝入門講座第四章公羊伝の思想(上)(下)」(『東洋古典学研究』三・四、一九九七年)も、『穀梁伝』の成立を『公羊伝』の成書以後のこととする。なお岩本憲司『春秋公羊伝何休解詁』「解説」(汲古書院、一九九三年)は、「『穀梁伝』についても、『公羊伝』の場合と同じように、箇々の伝義の蓄積という、いわば前史があったであろうが、『穀梁伝』としての成書の時期となると、その動機ということから考えて、宣帝期あたりを想定せざるを得ない。『穀梁伝』は、『公羊伝』に対抗するものとして提出された、と思われるからである(実際、『穀梁伝』には、『公羊伝』を模倣したり反駁したりしている部分が多い)」(一五～一六頁)と総括している。

（31）前節注（46）所引小林氏論文および同氏「『新語』と『春秋穀梁伝』」（大東文化大学『漢学会誌』三四、一九九三年）を参照。

（32）崔適『史記探源』巻八 七十列伝、銭玄同「重論経今古文学問題」（『古史弁』五、一九二四年）などは、『史記』におけるこの『穀梁伝』の記事を疑問視する。

（33）Esson M. Gale, "The Citatory Element in the Composition of the *Yen T'ieh Lun,*"（「塩鉄論引書考」*Journal of the American Oriental Society* 51, 1931）によると、『塩鉄論』の中には、「少なくとも二十種類の個々の祖本から取材した約百二十九からなる直接の引用がある」とされるが、『穀梁伝』からの引用文は採取されていない。また王利器『塩鉄論校注』（古典文学出版社、一九五八年。世界書局、一九六二年）巻二非鞅第七注〔二二〕によると、「凡そ此の書の春秋は皆公羊」（五六頁）と明記される。

（34）徐復観「漢初的啓蒙思想家——陸賈——」（同氏『増訂両漢思想史』巻二所収、台湾学生書局、一九七一年）

（35）前節注（32）所引宮崎氏著書は、「こういう際にいつも抵抗が生ずるのは、古典に対する『臆改』特にそれが誤った場合における『浅人妄改』の譏りである。……。ところが私の態度は、大いにこの『臆改』をやってみようというのである」（三四二頁）と主張して、『新語』弁惑篇の当該の一節を「今上〔無〕戴明王聖主、下〔無〕擁貞正諸侯」と「臆改」し、〔 〕内の「無」字を圏点を付した「戴」と「擁」の二字に書き改めることによって、その意味内容を完全に逆転させている。

　また前節注（51）所引Ku（辜）氏著書は、この一文を "Now if there is no enlightend ruler and sage-like sovereign above, then below there are no loyal and righteous feudal lords ......."（九三頁）（もし上に明王、聖主無ければ、下に貞正の諸侯無し）と英訳し、そこに仮定形の "if" を用いることによって、そ

の文章を意図的に改変している。しかし王利器『新語校注』は、この一節は『公羊伝』荘公四年の条に「上に天子無く、下に方伯無し」とある文章と「此れ即ち其の義」が同じであると注釈している。このばあいこの一節は「上に天子無ければ、下に方伯無し」と訓読することはできない。事実、『新語』では、「上は天文を瞻、下は人心を察す」（慎微編）、「上は帝王の御物と為り、下は則ち公卿に賜う」（資質篇）、「上は天子に□し、下は庶民を斉《すく》う」（本行篇）などとされるように、いずれも「上」「下」の二字は、「上は（に）」、「下は（に）」と訓むべき副詞であって、仮定的な用法などを見出すことはできない。

（36）小倉芳彦「諷刺と避諱と――『当局の忌諱』と歴史記述――」（同氏『逆流と順流――わたしの中国文化論』所収、研文出版、一九七三年）は、つぎのようにいう。「忌諱に触れない限りでは、直言・直筆は許容されるだろう。……。しかし不幸にしてまことの『逆鱗』に探り当った時には、彼を見舞う運命は古今揆を一にしている。直言を奨励するのは権力の狡智である。それを見抜けずに直筆するのは、『知の使い方』を知らぬ愚直の行為である」（三〇二頁）。

（37）林源河「陸賈新語真偽考」（『新加坡南洋大学亜州文化研究所研究報告集刊』、一九七五年）が、「陸生過秦例」として七例、「陸生論古成敗之国例」として九例を挙げているのがその好例である。しかし「漢祖立国例」ともいうべき項目と挙例が全く欠落していることは、それらが文中に見出しがたいという事実を端的に示すものである。また前節注（44）所引斎木氏論文は、「高祖が陸賈に諮問した『秦の天下を失いし所以』『吾之を得る所以』『古の成敗の国（の状況）』に対する回答は『新語』のどの部分かということである」（三六六頁）と記しながら、そのうちの「吾之を得る所以」が『新語』のどの部分かということ」を挙例し得ていないのも、同様にそれに相当する文章がそこに存在しないことを自認するものであろう。

（38）安培生「補新語四条早期引用文」（『大陸雑誌』八五―四、一九九二年）の指摘による。ただし氏はこの出典を『弁惑論』としているが、『弘明集』巻八弁惑論には該当する文章は見当たらない。

(39) 宇野哲人『支那哲学の研究』陸賈の学（大同館書店、一九二〇年）

(40) 戸川芳郎「後漢を迎える時期の元気」（小野沢精一他編『気の思想――中国における自然観と人間観の展開――』第一部第四章第一節所載、東京大学出版会、一九七八年）は、『新語』は、「西漢早期の政論としては、後起の色彩を思わせる用語の散見する文献ではある」（二〇一頁）と寸評している。

(41) 金徳建「《新語》的流伝和産生時代」（前節注(22)所引同氏著書所収）および「《新語》的成書年代」（『中国古代史論叢』七、一九八三年）を参照。

(42) 前節注(8)所引唐氏序文

(43) 前節注(18)所引張氏著書

(44) 前節注(25)所引津田氏著書は、「慎微の篇に『入深山求神仙』の語があるが、こんなことは陸賈の時代にいはれるはずは無い」（一二五頁）と論断する。なお同氏「神遷思想の研究」（『満鮮地理歴史研究報告』一〇、一九二四年。のちに『日本文芸の研究』所収、『津田左右吉全集』第一〇巻、岩波書店、一九六四年）を参照。

(45) 前節注(8)所引唐氏序文

(46) 内野熊一郎「漢碑漢簡の資料性」（『中国文化研究会会報』五―一、一九五五年）は、『隷釈』巻一一小黄門譙敏碑に、「其の先は故国師譙贛、深明箕陾にして、讖録図緯は能く天意を精緻す。道を伝えて京君明に与う。君は厥の後を承く」云々とある碑文を引用して、「武・昭・宣帝頃には、焦貢・京房などにより、既に緯書説が形成精説されていたことを、知るのである」と述べている。『漢書』巻七五京房伝と同巻八八儒林伝＝京房伝を見ると、焦延寿（字は贛）と京房（字は君明）の二人は、特異な易学にもとづいて、「災変」や「占験」を主張した学者であったことが知られる。しかしその学問が讖緯説に直結するかどうかは速断できない。またこれは後漢霊帝の中平二年（一八五）に立てられた碑であるから、そこに後漢末期の潤色が大幅に加えられているはずである。したがってこれをもって讖緯説の早期存在説の具体的証拠と見なすことはできない。なお焦延寿は宣帝ごろに、京房は元帝・成帝ごろに、それぞれ活躍した学者であるから、氏のいうように、その年代を武帝・昭帝にまで溯らせることには無理がある。

(47) 讖緯説については、安居香山・中村璋八『緯書の基礎的研究』(漢魏文化研究会、一九六八年)、安居香山『緯書の成立とその展開』(国書刊行会、一九七九年)、日原利国「災異と讖緯――漢代思想へのアプローチ――」(同氏『漢代思想の研究』第一部三所収、研文出版、一九八六年)、中村璋八編『緯学研究論叢――安居香山博士追悼――』(平河出版社、一九九三年)、板野長八「図讖と儒教の成立」(同氏『儒教成立史の研究』第九章所収、岩波書店、一九九五年)などがある。

(48) 狩野直喜「後漢の経学と緯讖」(同氏『両漢学術考』両漢文学考十四所収、筑摩書房、一九六四年)は、この文言を引用して、「成帝のとき已に緯名あることを知るべしといへり」(一五一頁)と述べる。

(49) 前節注(19)所引呂氏著書

(50) 注(47)所引安居氏著書後者前篇第五章第一項典籍にあらわれた詩緯によると、「残存詩緯の中には、これに類した内容のものはない」(一〇〇頁)とされる。

(51) 小杉一雄「蚩尤の形像」(同氏『中国仏教美術史の研究』第一章所収、新樹社、一九八五年)は、「現存する文献に関する限り、蚩尤は黄帝との関係に於いてのみ現れる」(二五六頁)と明言する。なお黄帝と蚩尤については、俞正燮『癸巳存稿』巻一、森三樹三郎『支那古代神話』第一章神々の列伝(大雅堂、一九四四年)、鉄井慶紀「黄帝と蚩尤の闘争説話について」(池田末利編『中国神話の文化人類学的研究』第三章帝王神話所載、平河出版社、一九九〇年)などがある。また湯浅邦弘「軍神の変容――中国古代に於ける戦争論の展開と蚩尤像――」(1)・(2)(『島根大学教育学部紀要』二六・二七、一九九二・九三年)、同氏「古代中国に於ける戦争論の展開――『呂氏春秋』『大戴礼記』の蚩尤観をめぐって――」(平成五年度科学研究費研究成果報告書・研究代表者間瀬収芳編『『史記』『漢書』の再検討と古代社会の地域的研究』所載、一九九四年）は、先行研究を幅広く渉猟して、『荘子』『山海経』『史記』などの先秦・秦漢時代における蚩尤関係の記事をほぼ網羅しているが、そこには蚩尤と堯とを関連付ける記事は一例も挙げられていない。

(52) 趙翼『二十二史箚記』巻二漢初布衣将相之局、西嶋定生「中国古代帝国形成の一考察」（『歴史学研究』一四一、一九四九年。のちに同氏『中国古代国家と東アジア世界』第一編附載第一所収、東京大学出版会、一九八三年）、唐賛功「漢初〝布衣将相〟浅論」（『中国史研究』一九八四―一）、李開元「前漢政権の樹立と劉邦集団」（同氏『漢帝国の成立と劉邦集団――軍功受益階層の研究――』第四章所収、汲古書院、二〇〇〇年）などを参照。

(53) 東晋次「貴戚政治の成立」（同氏『後漢時代の政治と社会』第二章所収、名古屋大学出版会、一九九五年）

(54) 増淵龍夫「漢代における国家秩序の構造と官僚」（同氏『新版 中国古代の社会と国家』第二篇第二章所収、岩波書店、一九九六年）

(55) 前節注（1）所引王氏著書

(56) 同右

(57) 福井重雅『漢代官吏登用制度の研究』第一章第四節茂才による推挙の輪郭（創文社、一九八八年）を参照。

(58) 福井重雅「六経・六芸と五経――漢代における五経の成立――」（『中国史学』四、一九九四年）

(59) 前節注（18）所引張氏論考は、文中にある「表定六芸」は董仲舒の事績であるとして、「其の疑う可き三」の理由に挙げている。また前節注（38）所引相原氏論文は、「道基篇では『五経六芸』と確定した表現を用いておるのを見ると、陸賈も漢初には違いないが、少し早すぎはしないだろうか」と述べ、道基篇の成立を「荀子の後学陸賈の時期よりもっと遅い時期のもの」と見なしている。また前節注（39）所引宇野氏論文は、「徐復観は、五経六芸や経芸の並称は経学史上、大きな啓発性があると言っている。しかし、なほ果して漢初に五経の概念が成立してゐたか、成立してゐたとすると五者は何であったか、検討を要すると思ふ」と主張し、その注（24）において、諸橋轍次氏と平岡武夫氏の著書を引用して、「これによれば、漢初に五経などといふ観念は存在するはずがないわけである」と論述している。

（60）前節注（1）所引王氏著書

（61）前節注（30）〜（48）所引各氏論考を参照。また別に浅野裕一『黄老道の成立と展開』第三部第十章董仲舒・天人対策の再検討（創文社、一九九二年）の注（13）に、「董仲舒に先立って、儒学中に天人相関思想を導入した人物としては、……陸賈を挙げることができる」（六七五頁）と述べられるなどがその好例である。なおマイケル＝ローウェイ「宗教的、思想的背景」「主権の観念」（デニス＝トウィチェット・マイケル＝ローウェイ編『ケンブリッジ中国史』第一巻秦漢帝国（前二二一―後二二〇）所載、ケンブリッジ大学出版部、一九八六年）Michael Loewe, "The religious and intellectual background", "The concept of sovereignty" (Denis Twitchett and Michael Loewe ed., *The Cambridge History of China*, Cambridge University Press, 1986) は、陸賈を先駆者 predecessor（七〇九頁）、董仲舒を後継者 successor（七三一頁）と称して、両者の思想的関連性について論じている。

**〈付記〉**

この論文の浄書にさいして、早稲田大学大学院文学研究科史学（東洋史）専攻学生石岡浩（当時）・平田陽一郎・藤高裕久・山下将司の四君の労を煩わした。

# 付節一　班彪『後伝』の研究
## ――『漢書』編纂前史――

### まえがき

班固の『漢書』(1)は前漢一代の正史として名高いが、その基本的な祖本とされる班彪の『後伝』については、従来、ほとんど顧慮されることなく、不明のままに閑却視されてきた。しかし一九八〇年代に日中両国でそれぞれ二篇の論考(2)が発表されるにおよんで、この無名に近い史書にも、多少の関心が払われるようになったようである。この一篇はそれらの研究成果を踏まえつつ、あらためてこの問題を取り上げ、その内容の一端を模索しようとする一つの試論である。ただし班彪と『後伝』の周辺には相対的な史料の不足や制約があるために、以下の考察は多分に傍証的な憶測や想像をまじえた推論に片寄らざるを得ない。しかし『漢書』について考察を加える上で、この研究が、向後、一つの礎石として役立つことができれば幸いである。なおこの一節は、漢代における史書や文書の形成を取り扱う意味から、後述する付節二・三の研究と連鎖させるための序論でもある。

# 一

班彪の伝記は『後漢書』巻四〇上班彪伝（以下『班彪伝』と略称）および『後漢紀』巻五光武帝紀建元六年条と同巻一三和帝紀永元四年条に収められている。そのうち前者によって『後伝』の撰述に関する部分を抄出すると、それはおよそ左のように示される。

彪既に才高くして述作を好み、遂に史籍の間に専心す。武帝の時、司馬遷は史記を著すも、太初自り以後、欠きて録さず。後の事を好む者、頗る時事を綴集する或り。然れども多くは鄙俗にして、以て其の書を踵継するに足らず。（イ）彪乃ち前史の遺事を継採し、異聞を傍貫して、後伝数十篇を作る。因りて前史を斟酌して得失を譏正す。（ロ）其の略論に曰く、（中略）。今此の後篇は、其の事を慎覈して、其の文を整斉し、（ハ）世家を為らず、唯だ紀伝あるのみ。伝に曰く、史を殺《そ》ぎて極を見《しめ》し、平易正直なるは、春秋の義なり、と。彪復た司徒王況府に辟せらる。(3)

この記載において注目されるのは、まず第一に、傍線（イ）に「乃ち前史の遺事を継採し、異聞を傍貫(4)して、後伝数十篇を作る」云々と述べられるように、班彪の執筆した史書は『後伝』とよばれ、数十の篇巻からなっていたこと、第二に、同様に傍線（ロ）に、「其の略論に曰く」とあり、のちに掲示するように、それがかなり整備された長文の「略論」を付帯していたこと、第三に、その『後伝』は傍線

（ハ）に示されるように、少なくとも「世家を為らず、唯だ紀伝あるのみ」という体例をもつ史書であったこと、という三点である。以下、これらの三点を中心に、可能なかぎり仔細に『後伝』の内容について検討することにしたい。

まず第一に、書名と篇数の問題である。『班彪伝』とともに、『後漢紀』和帝紀にも同じく「後伝数十篇を作る」と記され、班彪もその略論の末尾において、「今此の後篇」云々と自述するように、班彪の著作が編者自身によって、『後伝』あるいは『後篇』と称されていたことが知られる。それは「武帝の時、司馬遷は史記を著すも、太初自り以後、欠きて録さず」という状態にあったために、その『史記』以後の紀伝という意味から、『後伝』と命名されたらしい。興味深いことに、班彪に師事したとされる王充『論衡』を見ると、班叔皮、すなわち班彪をめぐって、つぎの四つの記事が収集される。[5]

(一)、班叔皮は太史公の書を続《つ》ぐこと、百篇以上。記事詳悉にして、義浹《あまね》く理備わる。之れを観読する者は以て甲と為し、太史公を乙となす。子男の孟堅は尚書郎と為る。文は叔皮に比するも、徒《ただ》に五百里のみに非ざるなり。乃ち夫《か》の周、召、魯、衛の謂いなり。苟《いやし》くも高古を可とすれば、而《すなわ》ち班父子も紀するに足らざるなり。（超奇篇）

(二)　楊子雲は法言を作る。……。班叔皮は太史公の書を続ぐに、郷里の人を載せて、以て悪戒と為す。邪人道を枉《ま》ぐるは、縄墨の弾ずる所にして、安《いずく》んぞ避諱するを得んや。是の故に子雲は財の為に勧《すす》まず、叔皮は恩の為に撓《たわ》まず。文人の筆は独《とく》に已《はなは》だ公なり。（佚文篇）

㈢、孔子は周に生まれて、其の本を始め、仲舒は漢に在りて、其の末を終えり。(尽也《ママ》)。班叔皮の太史公の書を続ぐは、蓋し其の義ならん。賦頌の篇下に、其の乱に曰くの章有るは、蓋し其の類ならん。　(案書篇)

㈣、或るひと曰く、聖人は作り、賢者は述ぶ。賢を以てして作るは非なり。論衡、政務は作ると謂う可き者なり、と。曰（非《ママ》）く作に非（曰《ママ》）ざるなり。亦述に非ざるなり。論なり。論は述の次なり。五経の興るは、作と謂う可し。太史公の書、劉子政の序、班叔皮の伝は述と謂う可し。桓君（山《ママ》）山（君《ママ》）の新論、鄒伯奇の検論は論と謂う可し。　(対作篇)

一瞥して明らかなように、右の㈠〜㈢の文章には、いずれも「班叔皮は太史公の書を続ぐ」というほぼ同文の八字が見出される。そして㈣の文章は「作・述・論」三様の文体の相違について触れた寸評であるが、その中で「太史公の書、劉子政の序、班叔皮の伝」と表現されていることに注意される。いうまでもなく、「太史公の書」とは、『史記』巻一三〇太史公自序において、「太史公の書と為す」と自称されるように、のちの『史記』を指し、また劉子政、すなわち劉向の「序」とは『漢書』巻三〇芸文志諸子略儒の項に、「劉向の序する所六十七篇」とあるように、『新序』を含む一連の著述を総称する用語であるらしい。とするならば、その前後の文脈から判断すると、班彪の『伝』とは文字どおりその『後伝』を指称するはずであるから、それは「太史公の書を続ぐ」べき「後の伝」を意味することになる。

『史記』という書名がいつごろ成立したかという問題は、諸説紛々として、今日まで必ずしも定説を見ていないようである。(6) 一方では、その初見は後漢の桓帝年間とする一説(7)があるが、また他方では、『太史公書』を『史記』と称するのは、すでに『漢書』巻二七　五行志に散見する「史記」の十余条がそれに相当するという一説(8)もある。後者の説はすでに銭大昕『二十二史考異』巻五史記五、同巻七漢書二において否定されているように、今日ではほとんど顧みられることはない。(9) しかし『漢書』芸文志六芸略春秋の項に、「太史公　百三十篇」とされる書名から推測して、おそらくその『後伝』は正確には『太史公後伝』と称すべき史料であったであろう。

このような自明の理をこと新しく論じてきたのは、実は『後伝』という名称をめぐって、そこに一定の史書の輪郭が浮き彫りにされるように思われるからである。すなわちその一つは、『後伝』とはその書名の示すように、あくまでも『史記』を継続する目的で執筆された史書であるから、その記載する範囲は自ずから武帝以後の時代の歴史に限定されていたのではないかということである。いいかえれば、『後伝』は『史記』の中の漢代に関する紀伝類と重複することなく、原則として「欠きて録さ」れることのなかった太初以後の歴史のみを対象とし、それを専一的に叙述した史書ではなかったかと推定される。『論衡』の三篇の中で、いずれも「太史公の書を続ぐ」と記されていることは、この推定を傍証するものではなかろうか。

周知のように、「後の事を好む者」とされる司馬遷の後継者たちは、褚少孫をはじめとして、いずれも「時事を綴集」して、「其の書を踵継する」ことを目的に、『史記』の続篇に着手している。それらの

後継者は、『班彪伝』注によると、

　事を好む者とは、楊雄(10)、劉歆、陽城衡、褚少孫、史孝山の徒なり。

として五名が、また『史通』史官建置篇によると、「司馬遷既に歿するや、後の史記を続ぐ者は、褚先生、劉向、馮商、楊雄の徒の若し」として四名が、さらに同古今正史篇によると、

　史記の書する所、年は漢武の太初に止《や》む。已後欠きて録さず。其の後劉向、向の子歆、及び諸々の事を好む者、馮商、衛衡、楊雄、史岑、梁審、肆仁、晋馮、殷(段)粛、金丹、馮衍、韋融、蕭奮、劉恂等の若きは、相継いで撰続し、哀平の間にいたる迄、猶史記と名づく。

として十五名が列挙されている。それらを一括して年代順に再整理すると、それは左表のようにまとめることができる。(11)

**〈表I〉　前漢における『史記』の補続**

| 氏名（字）〈生没年〉 | 出身 | 時代 | 『史記』の補筆・新稿 | 『漢書』所収の篇巻 | 出典 |
|---|---|---|---|---|---|
| 1　褚少孫 | 潁川 | 宣帝<br>元帝 | 補『史記』外戚世家<br>補『史記』三王世家 | →巻五五衛青伝<br>→巻六三武五子伝 | 『史記』巻一二孝武本紀（集解・索隠）・同巻六〇三王世家・同巻一二八亀策列伝<br>『漢書』巻八八儒林伝＝王武伝 |

| | | | | | | |
|---|---|---|---|---|---|---|
| 2 | 劉向（子政）〈前79・77～前8・6〉 | 沛国 | 宣帝～成帝 | 「洪範五行伝論」『新序』 | ➡巻二七五行志<br>➡巻七八趙広漢伝・尹翁帰伝・韓延寿伝 | 『漢書』巻二七五行志・同巻七六趙広漢伝・尹翁帰伝・韓延寿伝・同巻九九王莽伝 |
| 3 | 馮商（子高） | 左馮翊 | 成帝 | 「太史公七〔十〕篇」「王尊伝」 | ➡巻五九張湯伝<br>➡巻七六王尊伝・巻七九馮奉世伝 | 『漢書』巻五景帝紀・同巻三〇芸文志六芸略・同巻五九張湯伝賛（如淳注） |
| 4 | 衛衡（伯梁） | 漢中 | 成帝～哀帝 | | | 『華陽国志』漢中士女志 |
| 5 | 劉歆（子駿）〈前32～前23〉 | 沛国 | 成帝～王莽 | 「七略」「三統暦譜」 | ➡巻三〇芸文志<br>➡巻二一律暦志 | 『漢書』巻二一律暦志・同巻三〇芸文志・同巻九九王莽伝 |
| 6 | 楊雄（子雲）〈前53～前18〉 | 蜀郡 | 成帝～王莽 | 「宣帝紀～平帝紀」自序 | 巻八宣帝紀～巻一二平帝紀・巻八七楊雄伝 | 『漢書』巻八七楊雄伝<br>『論衡』須頌篇<br>『芸文類聚』巻二六自序 |
| 7 | 陽成（城）衡（子張・子元） | 蜀郡 | 哀帝～王莽 | 「楽経」 | | 『論衡』超奇篇・対作篇<br>『太平御覧』巻八一五所引『新論』 |

| | | | | | | |
|---|---|---|---|---|---|---|
| 8 | 史岑（孝山・子孝） | 沛国 | 王莽 | 「出師頌」 | | 『後漢書』巻八〇上文苑伝＝王隆伝<br>『文選』巻四七出師頌（李善注）<br>『史通』人物篇 |

※記
褚少孫を一例にすると、彼が『史記』外戚世家に補筆した部分は、『漢書』衛青伝に転用されていることを示す。以下、記号⬇もほぼ同様。

さらに後漢当初における『史記』の続成者をほぼ年代順に列記すると、つぎの九名を表示することができる。

**〈表Ⅱ〉後漢初期における『史記』の続成**

| | 氏名（字） | 時代 | 官位（身分） |
|---|---|---|---|
| 1 | 馮衍（敬通） | 王莽～明帝 | 司隷従事 |
| 2 | 金丹（昭卿） | 光武初年 | （隗囂賓客） |
| 3 | 晋馮 | 明帝初年 | 京兆祭酒 |
| 4 | 殷（段）粛 | 明帝初年 | 弘農郡功曹史 |
| 5 | 梁審 | （不明） | （不明） |
| 6 | 肄仁 | 明帝（？） | 著作郎（？） |
| 7 | 韋融 | （不明） | （不明） |
| 8 | 蕭奮 | （不明） | （不明） |
| 9 | 劉恂 | （不明） | （不明） |

これらの二表を一覧すると、班彪は褚少孫以下の手になる各種の史料を底本としつつ、「前史の遺事

を継採」し、「前史を斟酌」することによって、『後伝』の撰述に専念したことがわかる。したがってその叙述の可及する範囲は、当然、武帝以後の時代に集中し、限定されることになるはずである。このばあい『後伝』が『史記』に欠亡していたはずの孝景・孝武の両本紀をどのように処理したかという疑問が生じるが、その間の経緯については一切不明である。

しかしおそらく『後伝』の帝紀はまず散逸して存在しない景帝紀から起筆され、またその列伝は馮商の「所続太史公」とよばれる史書などを藍本として、もっぱら『史記』列伝に収載されていた以後の人物のみを立伝し、記述の対象としたのではなかろうか。のちに再び触れるように、ただ『後伝』という書名だけから推測しても、班彪は『史記』自体にはほとんど手を加えることなく、ただその続編として、前漢後半の歴史の撰述にのみ努力を傾倒したものと考えられる。

小林春樹氏の研究(12)によると、後漢の明帝のころまで、「太尉府・司徒府・司空府という三府の掾史たちが史官の役割を担っていた」ことが指摘されている。班彪が司徒王況に辟召されて、その掾属となったのは、建武二十三年（四七）、また望都長に転任したのは、その死去前年の建武二十九年（五三）のことであるから(13)、『後伝』はこの間足かけ七年にわたって執筆されたことになる。のちに示すように、『漢書』の賛文中に、「司徒掾班彪曰く」の文章が散見するのは、文字どおり『後伝』が彼が司徒掾に在職中の作品であったことを裏付けるものかもしれない。

またそれとともに、『班固伝』に、

父彪卒するや、郷里に帰る。固は彪の続ぎし所の前史の未だ詳《くわ》しからざるを以て、乃ち潜精研思して、其の業を就《な》さんと欲す。既にして人の顕宗に上書して、固私かに国史を改作すと告ぐる者有り。詔有りて郡に下し、固を収めて京兆の獄に繫《つな》ぎ、尽く其の家書を取る。

とあるから、班固は亡父の服喪のために帰郷したさいに、あらためて班彪『後伝』に目を通し、『漢書』の執筆を決意した結果、「私かに国史を改作す」と密告されたらしい。この点から考えると、『後伝』は班氏の「郷里」扶風に所蔵されていたものと推測される。

つぎにこの書名とも直接関連して、第二にその篇巻の問題がある。このばあい篇と巻とは同義異字であると認定して、大過はないようである。(14) 前掲の『班彪伝』に、「後伝数十篇を作る」と明記されるように、『後伝』が数十の篇数から構成されていたことはまちがいない。ただし上掲の『論衡』㈠の超奇篇に、「太史公の書を続ぐこと、百篇以上」と記されるように、その篇数には「数十篇」と「百篇以上」というかなりの懸隔が見られる。(15) もちろんこのばあい篇巻の立て方や数え方に相違があるであろうが、『後漢紀』和帝紀や『初学記』巻二一史伝所引の失名氏『後漢書』などにも、同様に、「後伝数十篇を作る」と述べられているから、同一の粉本にもとづく記録であるにせよ、数十という篇数の方がより確実な数値に近いと考えられる。その意味から『史通』古今正史篇に、「是こに於いて其の旧事を採り、異聞を傍貫して、後伝六十五篇を作る」と明記される数字は、その原拠は不明であるにせよ、かなり信憑性が高いと見なしてよいかもしれない。当時、景帝紀と武帝紀は散逸していたのであるから、新たにこれら二帝紀を補撰したとするならば、帝紀は景帝・武帝・昭帝・宣帝・元帝・成帝・哀帝・平帝の計八篇から成り立っていたと想定される。したがって単純に計算すると、残る五十七篇を列伝と見なすことができる。しかしいずれにせよ、その「数十篇」という概数自体、『後伝』が相当多数の篇次から成り立っていることを物語る。

『晋書』巻六〇張輔伝を見ると、彼は、

又班固、司馬遷を論じて云う、遷の著述は辞約にして事挙がる。三千年の事を叙するに、唯だ五十万言。班固は三百年の事を叙するに、乃ち八十万言なり。煩省同じからず。遷に如かざるの一なり、と。

と述べて、以下、『漢書』のもつ三点の短所を挙げている。『史通』煩省篇は、張輔の字の世偉を用いて、張世偉の「班馬優劣論に云う」とし、右の文中の「三百年の事」を「二百四十年の事」と改めつつ、この一節を引用している。このように『史記』に比べて『漢書』が長大であることは、すでに早くから指摘されてきたことであるが、実は『漢書』の底本である『後伝』自体が、かなり浩翰な史書であったことに注意しなければならない。

右に述べたように、班彪は『史記』の「太初以後」の歴史として『後伝』を続修しているわけであるから、その対象とする執筆の焦点は、主に武帝以降の前漢後半の歴史に絞られていたはずである。一方、『史記』は、いうまでもなく、五帝本紀の黄帝を上限とし、武帝の太初年間を下限として、『史記正義』

論史例によると、「合して二千四百一十三年」にわたる悠久の流れを縷述しているが、それは「百三十篇」からなる史書として構成されている。他方、これに対して、『後伝』は、「太初以後」王莽にいたる〝わずか〟百二十年前後の歴史の叙述にすぎないが、『史通』に「六十五篇」と伝えられるその数字は、ちょうど『史記』の半分の篇数に当たることになる。このような単純な数量的比較によっただけでも、「数十篇」とされる概数それ自体、『後伝』が相当多数の量を占める史料であったことを示唆するものではなかろうか。そしてのちに再述するように、このように大冊であったという事実が、『後伝』が前漢後半の全史を包摂する史料ではなかったか、という推測を可能にするように思われる。

## 二

つぎに第三の問題となるのは、「略論」の問題である。前掲の『班彪伝』において〔中略〕した部分を示すと、その全文は左のように引用される。

唐虞三代は詩書の及ぶ所、世々史官有りて、以て典籍を司る。諸侯に曁《およ》んでは、国ごとに自ら史有り。故に孟子に楚の檮杌、晋の乗、魯の春秋と曰うは、其の事一なり。定哀の間、魯の君子左丘明、其の文を論集して、左氏伝三十篇を作る。又異同を撰して、号《なづ》けて国語二十篇と曰う。是れに由りて乗、檮杌の事遂に闇《すた》れ、而して左氏、国語のみ独り章《あらわ》る。又黄帝以来春秋に至るの時の帝王公侯、卿大夫を記録する有り。号けて世本一十五篇と曰う。春秋の後、七国並びに争い、秦の諸侯を并わすれば、則ち戦国策三十三篇有り。漢興りて天下を定むるや、太中大夫陸賈は、時功を記録して、楚漢春秋九篇を作る。孝武の世、太史令司馬遷は、左氏、国語を採り、世本、戦国策を刪り、楚漢列国の時事に拠りて、上は黄帝自り、下は獲麟に訖《いた》るまで、本紀、世家、列伝、書、表、凡そ百三十篇を作る。而るに十篇欠く。遷の記す所は、漢の元従《よ》り武に至りて以て絶つは、則ち其の功なり。経を採り伝を摭《ひろ》うに至りては、百家の事を分散し、甚だ疎略多くして、其の本に如かず。務めて多聞広載を以て功と為さんと欲するも、論議浅くして篤からず。其の術学を論じては則ち黄老を崇びて五経を薄《かろ》んじ、貨殖を序しては則ち仁義を軽んじて貧窮を羞じ、游侠を道《い》いては則ち守節を賤《さげす》みて俗功を貴ぶ。此れ其の大敝にして道を傷《そこな》い、極刑の咎に遇いし所以なり。然れども善く事理を述序し、弁にして華ならず、質にして野《いや》しからず。文質相称《かな》うは、蓋し良史の才なり。誠《も》し遷をして五経の法言に依りて、聖人の是非を同《とも》にせしむれば、意も亦幾《ちか》庶からんや。夫れ百家の書は、猶《なお》法る可きなり。左氏、国語、世本、戦国策、楚漢春秋、太史公の書の若きは、今の以て古を知る所、後の由りて前を観る所にして、聖人の耳目なり。司馬遷の帝王を序するは則ち本紀と曰い、公侯の国を伝うるは則ち世家と曰い、卿士の特起するは則ち列伝と曰う。又項羽、陳渉を進めて淮南、衡山を黜《しりぞ》け、細意委曲して、条例不経なり。遷の著作の若きは、古今を採獲し、経伝を貫穿して、広博に至るなり。一人の精、文重なりて思い煩わし。故に其の書刊落して尽くさず。尚盈辞有りて、多く斉一ならず。司馬相如を序するが若きは、郡県を挙げ、其の字を著すも、蕭、曹、陳平の属及び董仲舒に至りては、並時の人なるも、其の字を記さず。或いは県のみにして郡をいわざる者、蓋し暇あらざるなり。今此の後篇は其の事を慎覈して、其の文を整斉し、世家を為らず、唯だ紀伝あるのみ。伝に曰く、史を殺《そ》ぎて極を見《しめ》し、平易正直なるは、春秋の義なり、と。[16]

この長文からなる「略論」は、まず最初に「唐虞三代」の「史官」や「典籍」の存在から説き起こし、春秋・戦国・秦・漢にいたる一連の修史事業の伝統や沿革を跡付けたのちに、『史記』の記述の得失や長短について論評する。ついで「左氏、国語、世本、戦国策、楚漢春秋、太史公の書の若きは、今の以て古を知る所、後の由りて前を観る所にして、聖人の耳目なり」と述べて、歴代の史書を総括して称揚する。そして最後に、再度、司馬遷の「著作」に散在する筆法の不備を俎上に載せて具体的に批判し、暗に自らの『後伝』執筆のさいの基本的な心構えを披瀝する。『後漢紀』和帝紀では、この「略論」は単に「略」と称されているが、このように整然たる内容をもつ「略論」は、そもそも一個の完成された書物にこそふさわしい史論ではなかろうか。しかもその末尾は、「世家を為らず、唯だ紀伝あるのみ。伝に曰く、史を殺ぎて極を見し、平易正直なるは、春秋の義なり、と」[17]という結文によって締め括られているが、この文章は『後伝』が紀伝体の史書としてすでに完結していたという口吻すら感じさせる。

前掲の『論衡』㈠の超奇篇によると、当時の読者は「続太史公書」、すなわち『後伝』を「甲」と称し、「太史公」、すなわち『史記』を「乙」と称したと略述されている。このことは両者が相互に区別し得る史書であったことを暗示するものであるから、『後伝』が一個の独立した完本であったことを傍証することになる。このばあい注意されるのは、班彪・班固両伝の構成である。すなわちその末尾に、

賛に曰く、二班は文を懐《おさ》め、裁ちて帝墳を成す。……。彪は皇命を識り、固は世紛に迷う。

と評されるように、班彪父子は二班と併称され、対比して論じられている。このことは范曄自身が『漢書』は彪の『後伝』と固の補筆からなる合作であることを意識したものであろう。

一方、この「略論」の起筆の文章は、『漢書』叙伝に、「唐虞三代は詩書の及ぶ所、世々典籍有り」云々として転用されているが、『漢書補注』に、「何焯曰く、此の（『漢書』の――福井注）賛は叔皮の論に本づく」と指摘されるように、もともとそれは「序文」に相当する一篇であったといってよい。いうまでもなく、当時の「序文」とは作品の最後に置かれる「あとがき」や「後記」、すなわち『漢書』のばあいは、その最後の「叙伝」に当たる。(18)『史通』序伝篇を見ると、

蓋し作者の自叙、其の流れは中古より出づ。案ずるに、屈原の離騒経に、其の首章は上は氏族を陳ね、下は祖考を列ぬ。先ず厥の生を述べ、次いで名字を顕らかにす。自叙の跡を発するは、実は此こに基づく。降りて司馬相如に及んで、始めて自叙を以て伝と為す。

とされ、具体的に司馬遷・楊雄・班固・王充・魏文帝・傅玄・梅陶・葛洪らの氏名が挙げられている。これらを参考にして、秦代以降の何人かの作品と序文類を年代的に整理すると、およそ左表のようにまとめることができる。

**〈表Ⅲ〉古代著作と序文**

| | 撰（編）者 | 書名 | 所収の巻第 | 名称 |
|---|---|---|---|---|
| 1 | 呂不韋 | 『呂氏春秋』 | 巻一二季冬紀 | 序意 |
| 2 | 淮南王 | 『淮南子』 | 巻二一 | 要略 |
| 3 | 司馬遷 | 『太史公書』 | 巻一三〇 | 自序 |
| 4 | 桓寛 | 『塩鉄論』 | 第六〇 | 雑論 |
| 5 | 班固 | 『漢書』 | 巻一〇〇 | 叙伝 |
| 6 | 王充 | 『論衡』 | 巻三〇 | 自紀 |
| 7 | 許慎 | 『説文解字』 | 巻一五 | 叙 |
| 8 | 王符 | 『潜夫論』 | 巻一〇 | 叙録 |
| 9 | 魏文帝 | 『典論』 | 『太平御覧』ほか所引 | 自序 |
| 10 | 傅玄 | 『傅子』 | 同右 | 自叙 |
| 11 | 葛洪 | 『抱朴子』 | 外篇巻三〇 | 自叙 |
| 12 | 劉勰 | 『文心彫竜』 | 巻一〇 | 序志 |
| 13 | 沈約 | 『宋書』 | 巻一〇〇 | 自序 |
| 14 | 顔之推 | 『顔氏家訓』 | 第一<br>第二〇 | 序致<br>終制 |
| 15 | 劉知幾 | 『史通』 | 内篇巻一〇 | 自叙 |

このように一覧するとき、独立した著作の多くが、いずれもその巻末に序文に相当する一篇を設けていることがわかる。そして「略論」もまた全体の要略を論述する体裁をなしている。いやしくも『後伝』が一個の作品として完整していなければ、このような首尾一貫した「略論」が付載されること自体、一般にはとうてい理解しがたいことである。

## 三

最後に第四に、「唯だ紀伝あるのみ」と明記される『後伝』の体例の問題について吟味することにしよう。まず『漢書』巻九元帝紀と同巻一〇成帝紀の二篇は、もともと班固の撰述になる帝紀ではなく、おそらく班彪の原作になるものと見なされている。その理由は、前者の末尾に、

　賛に曰く、臣の外祖の兄弟は元帝の侍中と為る。臣に語りて曰く、元帝は材芸多く、史書を善くし、琴瑟を鼓し、洞簫を吹く。……。而るに上は文義に牽制せられて、優游不断なれば、孝宣の業衰う。然れども寛弘にして下に尽くし、恭倹より出でて、号令は温雅にして、古の風烈有り、と。

とあり、その注に、「応劭曰く、元成帝紀は、皆班固の父彪の作りし所。臣とは則ち彪自らの説なり。外祖とは金敞なり、と」と記され、また後者の巻末に、

　賛に曰く、臣の姑は後宮に充てられて婕妤と為り、父子昆弟は帷幄に侍《はべ》る。数々臣の為に言う、成帝は善く容儀を修め、車に升りては正しく立ち、内顧せず、疾言せず、親指せず。朝に臨んでは、淵嘿尊厳にして神の若し、と。

とあり。その注に、姑とは「晋灼曰く、班彪の姑なり、と」と記されているからである。このようにこれらの賛文中に散見する「臣」の一語が、ともに班彪自身の自称であることから敷衍すると、両帝紀の

本文もまた彼の修撰になる二篇とするのが、ほぼ従来一般の定説である。とすると、この定説は『後伝』それ自体の内容や構成について、自ずから一つの示唆をあたえる。

くりかえしていうと、班彪は『史記』が「太初自り以後、欠きて録さ」れず、しかも「後の事を好む者」の「綴集」した武帝以後の歴史が、いずれも「多くは鄙俗にして、以て其の書を踵継するに足らず」というありさまであったので、「前史の遺事を継採」することを目的に、『後伝』の執筆に着手したはずである。いちはやく散失した帝紀の景帝・武帝以後の皇帝の世系は、いうまでもなく、昭帝・宣帝・元帝・成帝・哀帝・平帝とつづく。そのばあい、少なくとも『史記』の続修を志したはずの班彪が、景帝・武帝につづく昭帝・宣帝の帝紀は叙述の対象から除外して、ただ単に元成両帝のそれのみの撰述に専念するようなことがあり得るであろうか。なるほどただ元帝・成帝の帝紀にのみ、班彪の賛がそのまま転載されてはいるが、おそらくそれは班固がそれらの二篇は父班彪の原作であることを示すとともに、その編集上の操作や工夫の痕跡をとどめるためにとった意図的な筆法であると考えられる。したがってこれら二帝の帝紀以外は、班彪の『後伝』と無関係であると見なすのは、かなり一方的な独断に陥ることになりかねない。そしてこのように想像することが許されるならば、成帝につづく哀帝と平帝の帝紀も、またのちに班固によってあらたに補撰されたものではなく、すでに『後伝』の篇中に配備されていたと類推してまちがいないはずである。

同様の想定は少なくとも列伝のばあいにも当てはまる。たとえば『漢書』巻九八元后伝を見ると、その巻末の文章と賛が、つぎのように併記されている。

太后、年八十四、建国五年二月癸丑崩ず。二月乙酉、渭陵に合葬す。（王）莽は大夫楊雄に詔して誄を作らしむ。曰く、太陰の精、沙麓の霊、漢に作合し、元に配して成を生む、と。其の元城と沙麓に協うを著す。太陰の精とは、月を夢みるを謂うなり。太后崩じて後十年、漢兵莽を誅す。初め紅陽侯立は南陽に就国するや、諸劉と恩を結び、少子丹を立てて中山太守と為す。世祖初めて起こるや、丹降りて将軍と為るも戦死す。上之れを閔《あわれ》み、丹の子泓を封じて武桓侯と為し、今に至る。司徒掾班彪曰く、三代以来、春秋の記す所の王公、国君、与《とも》に其の世を失なうこと、女寵を以てせざるは稀なり。漢興るや、后妃の家の呂、霍、上官の幾《ほと》んど国を危うくすること数々なり。王莽の興るに及んで、孝元后由り、漢の四世を歴るまで、天下の母と為れり。国を饗《う》くること六十余載。群弟権を世々にし、更々《こもごも》国柄を持し、五将十侯にして卒に新都と成れり。位号已に天下に移るも、而るに元后巻々として、猶一璽を握り、以て莽に授くるを欲せず。婦人の仁は悲しいかな、と。

右の文中に「司徒掾班彪曰く」云々の論賛が見出されるように、この元后伝もまたその大部分が班彪の原作になると見なされる一篇である。いうまでもなく、元后伝は元帝の皇后に当たる王氏政君一代の伝記であるが、その列伝全体を通読して明らかなように、それはまた同時に、それ以降の成帝・哀帝・平帝の三代にわたる「太后」とその一族王氏の専権を綜述した伝記でもある。その賛に「王莽の興るに及んで、孝元后由り、漢の四世を歴るまで、天下の母と為れり」云々とある一節は、そのような経緯を要約した文章と見なすことができる。上述のように、この元后の配偶者に当たる元帝の帝紀は、つぎの成帝のそれとともに、『後伝』を共通の粉本とする一篇である。したがって同じ班彪の筆になる意味からいっても、元后伝が実は元帝紀・成帝紀と表裏一体をなす列伝であることは容易に推測することができる。そしてそこに哀帝・平帝に共通する外戚の伝記も同時に記載されているのであるから、当然、それはそれら二帝の帝紀とも直接間接に連動してくることになる。そしてこのように連想するとき、班彪はただ元后伝のみを修撰したのではなく、何らかの形でそれと自動的に関連する哀平二帝の帝紀をも準備していたと推定しなければならなくなる。

それればかりではない。元后は王莽の伯母に当たるが、右の元后伝に、「太后崩じて後十年、漢兵莽を誅す」と記されるように、始建国五年（一三）に「年八十四」の高齢をもって卒世するまで、彼女の生涯は王莽の擡頭から敗死にいたるまで、その一代のいわば裏面史のような側面をもっている。『後漢書』巻五九張衡伝に、張衡のことばとして、

又以為らく、王莽の本伝は、但だ応に簒事を載すべきのみなるに、年月を編み、災祥を紀するに至る。宜しく元后本紀と為すべし、と。

とあって、王莽と元后の伝紀が換置すべきものとして上言されている。このことは両者の史料のもつ関連性の深さを暗に物語るかのようである。このように元后伝は王莽伝と密接不可分の関係にある一篇であるから、班彪はただ単に元后伝のみを執筆したのではなく、いわば同時進行的に、王莽伝の構成や叙

述なども行なっていたものと推測される。そして元后伝という一皇后伝のもつ性格からして、当然、外戚伝もそれに連動して準備されたとする想定も、十分に可能となるはずである。[19]

他方、「司徒掾班彪曰く」の文言を賛文とする体裁からいって、『漢書』巻七三韋賢伝と同巻八四翟方進伝の両篇も、また同じく『後伝』を底本とする列伝と見なされる。とするならば、前者はその賛文にも触れられているように、当然、貢禹・匡衡・何武・劉歆らの伝記とも相関関係に置かれ、また後者は王鳳から王莽にいたる人物の列伝とも連鎖関係を結ぶことになる。楊樹達氏の考証[20]によると、『漢書』巻六八金日磾伝と巻九七下外戚伝下＝班婕妤伝は、班彪の創作ではないかと推測され、また盧南喬氏の論文[21]によると、巻三六楚元王伝、巻三九曹参伝、巻六三武五子伝＝昌邑哀王伝、巻六七楊胡朱梅云伝、巻九六西域伝、巻九九王莽伝の全部ないし一部は、いずれも班彪を原作者とする可能性のあることが指摘されている。さらに王利器氏の研究[22]によると、楊氏の挙げる金日磾伝や外戚伝＝班婕妤伝のほかに、その巻九四匈奴伝なども、また『後伝』を骨子として編纂されたものと想定されている。[23]このような『後伝』の立伝や記載のあり方から想像すると、その列伝の各篇は前漢後半の人物たちと交互に連鎖的に作動し合うことになるから、結局は現行の『漢書』における武帝以後の紀伝は、『後伝』を基本史料として成立したという蓋然性がますます強められるように思われる。

右の元后伝はその九十八という巻数の示すように、『漢書』の後尾に立てられ、さらに王莽伝は巻九九の上中下に三分されて、その巻末に置かれている。そして元后伝の大部分が班彪の原作になり、しかもそれが王莽伝と相互に補完しあう内容を共有しているとするならば、王莽伝を最後に配置する『漢書』の編纂法は、基本的には『後伝』のそれを全面的に踏襲していることになるのではなかろうか。(24) そして少なくともこの結論自体もまた『後伝』が『漢書』全篇の直接の祖本として、すでに確立していたことを傍証する証左になると考えられる。

# 四

以上、その書名と篇数、「略論」の存在、班彪の撰述と見なされる各紀伝とその他の巻との相互関係を中心に、『後伝』をめぐって推論を重ねてきた。その結果、『後伝』は武帝の太初年間以降の歴史の空白を補塡するために、『史記』を継承する目的をもって撰述された史料であったが、それ自体、かなり多量の篇巻をもち、「略論」を具備するほどに整頓され、おそらく前漢最後の平帝・王莽の時代までを包含し尽くして、一個の完備された書物として存在していたと考えられるにいたった。いちはやく班固によって『漢書』の中に吸収されたためであろうか、今日、『後伝』は一個の独立した史書として残存せず、その佚文もまた『漢書』の一部の中に散見するにすぎない。したがって以上の結論はいずれもいわば情況証拠にもとづく想定によるものであって、傍証的な一推論の域を出るものではないかもしれない。しかし従来一般に班彪の『後伝』は未完成であったために、班固はそれを全面的に増訂や改編を行なって、『漢書』を完成したかのように考えられがちであるが、(25)そのような通常の理解には根本的に再考すべき余地があることはまちがいない。

周知のように、『後漢書』巻八四列女伝＝曹世叔妻伝を見ると、「兄（班）固は、漢書を著すも、其の八表及び天文志は未だ竟《おえ》るに及ばずして卒」したために、曹大家、すなわち妹の班昭が馬続らの協力を得て、それらの表志を補充しなければならなかったという記事が見出される。またその律暦志から芸文志にいたる十志の大部分は、劉向・歆父子の著作を転用したものともされている。したがって班固は『漢書』の叙伝において、「春秋考紀（帝紀）、表、志、伝、凡そ百篇を作る」と明言しながら、実際には表と志の一部を編纂することなく、ただ紀と伝のみを完成したにすぎなかったらしい。これに対して『後伝』の「略論」にも「唯だ紀伝あるのみ」と述べられているから、紀伝を主体とする史料の体裁という点からのみ比較するならば、『漢書』は結局は『後伝』の基本的な骨組み以上の枠を出ることはなかったといってよいかもしれない。(26)

このような観点から、最後にあらためて問題となるのは、『後伝』と『漢書』に見られる相互関係や相違点・独自性のあり方である。『続漢書』祭祀志下宗廟の項注所引の蔡邕「表志」を見ると、「宗廟迭毀の議奏は、国家の大体なり。班固は漢書を録するや、乃ち韋賢伝の末に置く」という興味ある解釈が引用されている。一方、その『漢書』韋賢伝は、前述のように、『後伝』に依拠した一篇であるが、それはまずはじめに韋賢の伝記が載せられ、つぎにその末子玄成の伝記が付され(27)ている。ところがその直後に一転して、「初め高祖の時、諸侯王をして都に皆太上皇廟を立てしむ」にはじまり、「平帝の元始中に至り、大司馬王莽奏す」を含む一文に終わるまで、そこには前漢一代の宗廟制度をめぐる一連の議奏類が、ほぼ公文書の形式をとどめて採録されている。右の蔡邕「表志」の逸文によると、「宗廟迭毀の議奏」は、班固によって韋賢伝の末尾に置かれたとされているが、このことは韋賢と韋元成の伝記は、最初に班彪によって執筆され、宗廟制度に関する詳細な議奏類は、のちに班固によって補綴されたという経緯を物語るかのようである。

そしてこの一例から類推するとき、班固は『漢書』を編纂するに当たって、『史記』に著述される漢代の紀伝を解体して、『漢書』の一部に編入するとともに、おそらく『後伝』の記載については、多少の補筆や省文を加えるにとどめて、その大体は班彪の原文を承襲して借用しているものと想像される。事実、班固伝に、「彪の続ぎし所の前史の未だ詳しからざるを以て、乃ち潜精研思して、其の業を就《な》さんと欲す」とあるように、班固は父彪の遺作の内容や文章を大幅に改編することなく、もっぱら『後伝』の記載事項をより詳述充実することによって、その完成に努力していたことが察知される。その意味から『漢書』は『後伝』の原形をかなり忠実に襲用しつつ、それ自体を独自に改編した史書であると評価してよいであろう。

しかしこのような評価が、一方では、同時に『漢書』はしょせんは『史記』や『後伝』を「盗作」し、「剽窃」した亜流の作品にすぎないという酷評を生み出す要因となっていることも事実である。[28]しかしこれまで考察してきたことからも明らかなように、『後伝』はその書名の示すように、あくまでも『史記』の続成を目標に撰述された紀伝であった。要するに、『太史公』の書を継承する続編の一種にすぎなかった。これに反して、班固は『史記』の中から漢代に関する記録のみを別個に抽出して分類し、それを『後伝』と合体補完させることによって、前漢一代にのみ限定した独自の歴史を創造したのである。すなわち『後漢書』班固伝に、

太初以後、欠きて録さず。故に前記を探撰し、聞する所を綴集して、以て漢書を為《つく》る。元を高祖に起《た》て、孝平、王莽の誅に終わるまで、十有二世、二百三十年。其の行事を綜べ、五経を傍貫し、上下洽通して、春秋考紀、表、志、伝、凡そ百篇を為る。

とあるように、班固は「太初以後、欠きて録さず」という『後伝』の一節を引用したのちに、高祖を開巻第一の帝紀に立て、王莽を閉巻最後の列伝に置くことによって、『漢書』百篇を「上下洽通」させたことを揚言している。いいかえれば、『後伝』が『史記』に従属する編纂物であったのに対して、『漢書』は『史記』から独立して新たに登場した〝創造物〟であった。ここに両者の間の最大の相違点が見出されるとともに、中国史上、特筆すべき革新的な歴史叙述の形式の一つが誕生することになった。いうまでもなく、断代史とよばれる歴史書の出現がそれである。当時、一王朝や一時代にのみ限定して歴史を編纂するということは、それ自体が今日想像する以上に、きわめて独創的で破天荒な発想や手法であったにちがいない。

## 五

稲葉一郎氏は「彪と固の仕事の内容をできる限り明確に弁別し、そこから父子の叙述目的や思想の異同などを解明することによって改めて『漢書』を再評価するのも史学史研究の課題であろう」[29]と提言しているが、この問題提起は今後『漢書』を史料として取り扱うさいに、考慮すべき一つの視点をあたえる。すなわち『漢書』を通読して、その個々の記載内容などを検討するとき、どの部分が『後伝』に取材した文章であり、どの部分が班固の自筆になる記事であるか、ある程度識別することが必須の史料操作とされるのではなかろうか。もちろんそれはかなり至難な作業の一つではあるが、そのおおよその類型化は必ずしも不可能ではないであろう。

それでは具体的にその分別化はいかにして可能であろうか。その問題について対処するとき、あらためて注目されるのは、『後伝』のもつ上記のような特性や内容である。これまで再三強調してきたように、あくまでも班彪は『史記』の続成を目指し、その後篇に相当する「太史公書を続」ぐ『後伝』の撰述のみを目的として、ひたすらその完成に専心した。逆にいえば、『史記』に記述されている本紀・列伝に関しては、彼はほとんど〝介入〟することなく、ただ単に『史記』以後の前漢後半の歴史の執筆のみを主眼とした。その結果、ただ紀伝のみからなる『後伝』を刊行するにいたった。このような結論を想定してみると、きわめて単純な発想ではあるが、『史記』の紀伝に存在しながら、それと相違して手を加えられた『漢書』の紀伝は、いずれも班彪ではなく、班固の造作になるということである。換言すれば、『漢書』の紀伝における武帝以前の記事において、『史記』を部分的に踏襲しながら、『漢書』にのみ出現する立伝や加筆は、すべて班固の創意や工夫にもとづくものではないかということである。もしこのような仮定が成立し得るとするならば、『漢書』の紀伝の中で、少なくともどの部分が班固自身の手筆によるものであるか、そのおおよその類別や区分を設けることができるはずである。

まず第一は、『史記』本紀と『漢書』帝紀との間に見られる記載の相違である。たとえば、『史記』巻八高祖本紀は、ほぼそのまま『漢書』巻一高帝紀に継承されているが、後者の高帝紀下の高帝五年（前二〇二）正月の条に、楚王韓信以下の諸侯が、漢王劉邦に皇帝の尊号を奉上したさいの上疏などが掲載されている。しかし梁玉縄『史記志疑』に、『漢書評林』を引用して、「史記之れを失して略す」と記されるように、このような議奏は前者の『史記』高祖本紀の中には見当たらない。班彪は『史記』には手を触れなかったという前提からするならば、『漢書』に出現する『史記』と相違する記事は、事実上、自ずから班固の自筆を母胎とするということになる。また文帝については、金の王若虚『滹南遺老集』巻二〇諸史弁惑に、つぎの一節が示されている。

遷と固の記事に互いに得失有り。史記孝文本紀の如きは云う、高祖の中子なり。高祖十一年春、已に陳豨の軍を破り、代の地を定めて代王と為り、中都に都す。太后薄氏の子なり、と。漢書は云う、高祖の中子なり。母は薄姫と曰う。高祖十一年、陳豨を誅して、代の地を定め、子の恒を立てて、代王と為す、と。固の薄氏を序するは、文は遷に順う。而るに子の恒の二字を加うるは、復た贅と為す。

漢代成立の史書が皇帝の諱を記すことはあり得ないとされるから、『漢書補注』の指摘するように、圏点の部分は明らかに衍字とすべきであろう。したがって『史記』孝文本紀に準拠しつつ、『漢書』文帝紀はその一部を書き改めているが、このような改編は班固の筆跡の一部を示すものである。[30]『史記』世家と『漢書』列伝のばあいも同様である。『史記』巻五一荊燕世家を見ると、

荊王劉賈は諸劉なる者なり。其の何《いず》れの属なると初めて起こりし時とを知らず。

燕王劉沢は諸劉の遠属なり。

と記されているが、それに対して『漢書』巻三五荊燕呉伝を見ると、

荊王劉賈は高帝の従父兄なり。其の初めて起こりし時を知らず。

燕王劉沢は高祖の従祖の昆弟なり。

と書き改められている。これら劉家における二王の系属関係は、のちに知り得た班固によって加筆訂正された部分であろうと想像される。

第二は、人物における立伝の相違である。たとえば『史記』巻一〇五扁鵲倉公列伝に併載される倉公、すなわち淳于意は、呂后・文帝時代の著名な巫医であるが、『漢書』には立伝されていない。これとは

反対に、『漢書』巻三四呉芮、巻四〇王陵、巻四二趙堯、巻五一賈山らの各伝は、いずれも『史記』には存在せず、『漢書』においてはじめて登場する。このような『漢書』における列伝の削除や増設も、また班固の創案にもとづくものであろう。

これと同様に、『史記』においていわば付伝として立てられ、のちに『漢書』においてあらためて専伝として立てられた伝記がある。それはつぎの四伝である。

(一)『史記』巻九二淮陰侯列伝・蒯通伝――→『漢書』巻四五蒯通伝
(二)同右巻一一一衛将軍驃騎列伝・張騫伝――→同右巻六一張騫伝
(三)同右巻一一八淮南衡山列伝・伍被伝――→同右巻四五伍被伝
(四)同右巻一二三大宛列伝・李広利伝――→同右巻六一李広利伝

第三は、『史記』においては複数の人物の列伝の中に置かれながら、『漢書』において専伝として別個に立伝されている事例である。そのばあい、二つの事例が考えられる。すなわちその一は、賈誼のような伝記のばあいである。賈誼は『史記』巻八四屈原賈生列伝として、屈原とともに合伝されている。しかしいうまでもなく屈原は漢代に属する詩人ではないから、当然、『漢書』ではその列伝を除去し、新たに個別に巻四八賈誼伝を設けなければならない。またその二は、主に『史記』の末尾に集中して掲載されるいわゆる雑伝（類伝）のばあいである。それらはつぎの五名の伝記によって代表される。

(一)『史記』巻一二一儒林列伝＝董仲舒伝――→『漢書』巻五六董仲舒伝

(二)　同右儒林列伝＝児寛伝──→同右巻五八児寛伝
(三)　同右巻一二二酷吏列伝＝張湯伝──→同右巻五九張湯伝
(四)　同右酷吏列伝＝杜周伝──→同右巻六〇杜周伝
(五)　同右巻一二六滑稽列伝（褚少孫補）──→同右巻六五東方朔伝

このように特定の人物を雑伝から抜き出して、とくに単一の列伝に立て直しているのも、班固の史料操作の一つに数えることができる。

最後に第四は、『史記』にはなく、ただ『漢書』においてのみ見出されるいわゆる公文書類の収録である。(31) たとえば『漢書』賈誼伝に収載される「陳時政疏」などをはじめとして、同鼂錯伝の「言兵事書」「請募民実塞書」「賢良対策」などがその実例である。同董仲舒に掲載される有名な「天人三策」(32)も、これと同じ部類に属する記事である。すなわちそれは『史記』には存在せず、ただ『漢書』においてのみはじめて出現する長文の対策であるが、その上疏文は司馬遷が『史記』を執筆中には存在せず、おそらく班彪『後伝』にもとづいて、班固が『漢書』を編集しつつあった時点で、新たに発見され、それに挿入された資料であると推測して誤りはないであろう。

ここであらためて想起されるのは、『班固伝』に記載されるつぎの一節である。

父彪卒するや、郷里に帰る。固は彪の続ぎし所の前史の未だ詳《くわ》しからざるを以て、乃ち潜精研思して、其の業を就さんと欲す。既にして人の顕宗に上書して、固私かに国史を改作すと告ぐる者有り。

詔有りて郡に下し、固を収めて京兆の獄に繋ぎ、尽く其の家書を取る。……。顕宗甚だ之れを奇とし、召して校書部に詣らしめ、蘭台令史に除す。……。遷りて郎と為り、秘書を典校す。……。帝乃ち復た前《さき》に著す所の書を終成せしむ。……。固は永平中始めて詔を受けて自《よ》り、潜精積思すること二十余年、建初中に至りて乃ち成る。

国史を改作していると密告されて、班固が投獄されたのは、明帝の永平五年（六二）、そして釈放後あらためて蘭台令史に除任されたのは、翌六年（六三）のこととされる。[33] 班固「西都賦」に自ら「天禄、石渠の典籍の府有り」と詠んでいるように、蘭台とはこれら二閣とともに置かれた宮中の蔵書機関である。父の班彪は後漢初年に隗囂や竇融の掾属や司徒の私的属吏に採用されたが、結局、光武帝の地方官として一生を送り、ついに中央において就官することはなかった。したがって彼は宮中に秘蔵される書類に目を通す機会をもち得なかった。これとは対照的に、班固は「遷りて郎と為り、秘書を典校す」とあるように、この時点において、直接かつ自由に、蘭台に秘蔵されていた数多くの詔令・議奏などの文書を閲覧することができた。たとえば鼂錯や公孫弘の応答した賢良の対策文は、ともに『史記』の両伝には見当たらず、『漢書』巻四九鼂錯伝と同巻五八公孫弘伝にはじめて掲載されている。このように『史記』に掲載されていない公文書類が、〝加工〟されずほぼ原文のまま『漢書』の各所に引用されているのは、まさしく班固がこのような修史の官職に就任した結果、実際に目撃し、利用し得たいわば役得上の所産にほかならない。換言すると、班固は『後伝』に依拠しつつ『漢書』を修成するにさいして、これら大量の〝秘書〟をその中に取り入れることができた。『史記』と『漢書』の双方に重複して登場する紀伝において、しばしば前者にない文章が後者に見出されるのはそのためであり、そのような記事はすべて班固自身の採択になるものと想定してまちがいないであろう。しかしそのような史料操作は、原文を忠実に引写したという意味において、今日、漢代の官公文書の制度や文体を知る上に、比類ない貴重な同時代的素材を提供することとなった。本書の付節三で取り上げる「漢代対策文書の研究」は、このような『漢書』のもつ史料的性格に負うところが少なくない。班固は当代一流の文章家としても著名であったが、皮肉にも彼が『漢書』に遺した最大の貢献は、他人によって執筆されたままで、まだ文章化されない生地の〝材料〟を未加工のまま収録したことにあったといってよいであろう。

## あとがき

章学誠『文史通義』巻二言公上は、「世の班固を譏る者は、其の孝武以前は遷の書を襲うを責め、以て盗襲して恥無しと謂う」とあり、また同巻八答甄秀才論修志第二書にも、

班は遷の史を襲い、孝武以前は多く原文を用う。別異を更めずして、史漢同一の記載を以てす。而して遷の史久しく通行すれば、故《ことさら》に嫌うこと無きなり。

という一節がある。このように班固『漢書』の武帝以前の部分が、もっぱら司馬遷『史記』を祖本とし

て撰述されたということは、古来、しばしば非難されてきた周知の事実である。しかしこれまで考述してきたように、班固は自身の奉持する歴史観にもとづいて、漢一代に限定した断代史を創造しなければならなかった。そのために一面では『史記』を唯一の基本的な材料と仰ぎながらも、他面ではかえってそれは彼自身の歴史叙述にとって、一種の障害物や夾雑物とならざるを得なかったはずである。なまじ先行史料として『史記』が存在していただけに、『漢書』が直面した〃厄介〃な問題はここにあり、それを克服することが、『漢書』に課せられた最大の問題の一つであったにちがいない。

しかし多少の工作や加筆をほどこしたものの、『漢書』における武帝以前の記事は、大幅に『史記』のそれに依存せざるを得なかった。そして上述のように、『後伝』は平帝・王莽の時代までを包含し、『史記』以降の歴史を記述した一個の完結した史書であった。さらに『漢書』の十志の一部と八表は未完成に終わったために、妹の班昭、すなわち曹大家や馬続らがそれらを補成しなければならなかったとされている。『後伝』はただ紀伝のみから成り立っていた史書であったから、班彪の作業を継承し、それを基本としながら、結局、班固は『漢書』の紀伝を執筆したのではなく、ただそれらを補訂し、整理したにすぎなかったということになる。

上記の『班固伝』を見ると、彼は「永平中始めて詔を受けて自り、潜精積思すること二十余年」にしてようやく『漢書』を完成したとされている。このような長年の消費は、『漢書』を作成するに当たって、班固が術学的に古字・舞文・修辞などに力を入れ、文章や表現に意を用いたという理由によるものかもしれない。(34) しかしさきに触れたように、班固は『史記』に拠りつつ、なおそれを全体的もしくは部分的に〝否定〟しながら、『漢書』を創造しなければならなかった。おそらく「二十余年」という歳月は、『史記』を解体し、それに『後伝』を接続させることによって、『漢書』という一個の完整した漢一代の断代史を生み出すために必要な時間であったのではなかろうか。

いうまでもなく、『史記』『漢書』の対比・異同などに関する問題は、すでに数多くの研究の蓄積があるとはいえ、なお未開拓や未解決の宿題が少なくない。両書の比較的考察は、それ自体、精密で幅広い実証的研究を必要とする。この論文はそのための一つの初歩的な試作にすぎないが、今後のより具体的な研究のための礎石として、つぎに付録として、「『史記』『漢書』紀伝・世家対照表」を設けることにした。

**注**

(1)　班固と『漢書』をめぐる論考については、日本人による研究として、藤田勝久「『史記』『漢書』研究文献目録(日本篇)」(平成五年度科学研究費研究成果報告書・研究代表者間瀬収芳編『『史記』『漢書』の再検討と古代社会の地域的研究』所載、一九九四年)を参照。なお概説として、増井経夫『アジアの歴史と歴史家』4班固(吉川弘文館、一九六六年)、三木克己『中国文学論集』班固(春秋社、一九八〇年)、稲葉一郎『中国の歴史思想』第三章歴史叙述の発展(創文社、一九九九年)などがある。また中国人による研究として、王国維「太史公行年考」(『観堂集林』巻一一所収)以下、数多くの研究があるが、ここではつぎの論考を参考にした。㈠、陳直「漢晋人対《史記》的伝播及其評価」(『四川大学学報』一九五七—三。のちに呉沢主編『中国史学史論集』㈠所載、上海人民出版社、一九八〇年)、㈡、白寿彝「司馬遷与班固」(『北京師範大学学報』一九六三―三。のちに同上『論集』所載)、㈢、呉福助「漢書与史記之関係初探」(『東海学報』一六、一九七五年)、㈣、陳新雄・于大成主編『漢書論文集』(木鐸出版社、一九七六年)、㈤、金発根「論史漢両書之伝布」(『簡牘学報』五、労貞一先生七秩栄慶論文集、一九七八年)、㈥、許殿才「《漢書》的成就」(『史学史研究』一九九〇―四)、㈦、施丁「班固与《漢書》的史学思想」(『歴史研究』一九九二―四)、㈧、張子俠「班氏父子与《漢書》的学術命運」(『史学史研究』四、一九九五年)、㈨、易平「劉向班固所見《太史公書》考」(『大陸雑誌』九一―五、一九九五年)、㈩、朱東潤「漢書考索」(同氏『史記考索』所収、華東師範大学出版社、一九九六年)、㈡、安作璋「談班固在史学上的主要貢献」(『《史学》論文選』所載、光明日報出版社、一九八四年)、同氏『班固評伝』(広西教育出版社、一九九六年)など。小論はこれらの論考から数多くの示唆を得たが、それらの一々について注記しないばあいがあることをお断りする。

(2)　㈠、王利器「《漢書》材料来源考」(『文史』二一、一九八三年)、㈡、啓衆「簡牘堂随筆」太史公・続太史公・太史公伝・後伝(『簡牘学報』六、一九八五年)、㈢、辺士名朝邦「班彪――その人となりと処世思想――」(『東方学』六八、一九八四年)、㈣、稲葉一郎「『漢書』の成立」(『東洋史研究』四八―三、一九八九年)の四篇がそれである。

(3)　班彪・班固の伝記については、前四史撰者列伝研究ゼミナール「『後漢書』班彪・班固伝訳注(上)・(下)」(『史滴』二〇・二一、一九九八・九九年)を参照。

(4)　「傍貫」とは「傍捜」と同義である。守屋美都雄「近年における漢唐法制史研究の歩み」(同氏『中国古代の家族と国家』付篇第五章所収、東洋史研究会、一九六八年)によると、「傍采漢律」の『傍』は『旁』と同じで、書経太甲篇に『旁求俊彦』(ひろく俊彦を求め)とあり、文選東都賦に『旁震八鄙』(あまねく八鄙に震い)とあり、礼記喪聘義に『孚尹傍達』(孚尹《たまのいろ》傍《よも》に達す)とあり、広雅釈詁に『広』とか『大』とか釈せられてあるのを参照すれば、『傍采漢律』というのは、『博引傍捜』の語のごとく、『漢律をひろく采る』

という意味ではあるまいか」（六二五〜六二六頁）と解釈されている。なお王利器『新語校注』道基篇の注（二九頁）に、「傍」は「並」と通用することが指摘されている。

（5）重澤俊郎「班固の史学」（『東洋文化の問題』一、一九四九年）によると、「王充の説は班彪の書に対する最も早い評論であると同時に其の性格を的確に伝へた点で興味がある」と指摘される。

（6）従来の諸説については、注（1）所引㈤、金氏論文後注［四一］を参照。

（7）陳直「太史公書名考」（『文史哲』一九五六―六、一九五六年。のちに『司馬遷与《史記》論集』所載、陝西人民出版社、一九八二年）によると、『史記』の書名は後漢の桓帝年間を初見とするとされる。ただし桓帝は霊帝の誤解とされている。

（8）王叔民「史記名称探源」（韓国中国学会『中国学報』五、一九六六年）、同氏「史記斠証導論」（『中央研究院歴史語言研究所集刊』三八、一九六八年）

（9）戸川芳郎「史記の名称――偶談の余(2)――」（『漢文教室』一〇六、一九七三年）を参照。

（10）一般に楊雄は「手偏」を用いて揚雄と書かれるが、王念孫『読書雑志』漢書第一三楊雄伝および李解民「楊雄姓氏甄別」（『文史』四七、一九九九年）の考証にしたがって、「木偏」の楊を用いる。

（11）この図表の作成に当たって、注（1）所引㈠、陳氏論文および注（2）所引㈠、王氏論文を参考にした。

（12）小林春樹「後漢時代の蘭台令史について――『漢書』研究序説――」（『東方学』六八、一九八四年）

（13）鄭鶴声『漢班孟堅先生固年譜』（台湾商務印書館、一九七四年）による。

（14）工藤一郎「『漢書』芸文志における篇巻について」（『社会文化史学』二四、一九八八年）を参照。

（15）寥吉郎『漢代撰注史籍考』第三章漢代撰注之漢史（広東出版社、一九七四年）によると、「是一為特定之稿、一為已撰之書矣」（八六頁）とあり、「百篇」は刊定以前の草稿、「六十五篇」はそれ以後の成書と解釈されている。

(16) この「略論」に関しては、葛洪『抱朴子』明本篇をはじめ、古来、批判や反論が少なくない。王叔民「班固論司馬遷是非頗繆於聖人弁」（中央研究院『国際漢学会議論文集』歴史考古組中冊、一九八〇年）、朱榴明「略論班固対司馬遷思想的批評」（『人民雑誌』三六、一九八五年）などを参照。

(17)『後漢書集解補』は「楊震曰く」として、「殺史見極とは、其の繁辞を殺ぎ以て簡厳の体を成すを言い、平易正直とは、其の事を直書すれば、褒貶自ずから見《あらわ》るるを言う。彪の春秋を説くこと、髄を得たりと謂う可し」という解釈を引用している。

(18) 橋川時雄「(『漢書』) 解説」（小竹武夫訳『漢書』上巻所収、筑摩書房、一九七七年）は、「その『略論』は、『漢書』の末巻『叙伝』にあたるもの」（五九四頁）と略述する。

(19) 板野長八「班固の漢王朝神話」（『歴史学研究』四七九、一九九〇年。のちに同氏『儒教成立史の研究』第一一所収、岩波書店、一九九五年）によると、「外戚列伝と元后伝及び王莽伝は外戚伝として一貫している」（四五三頁）ことが指摘されている。この指摘は元后・外戚・王莽の三伝が、相互に関連し合うという意味において、この想定にきわめて有益な示唆をあたえる。

(20) 楊樹達「漢書所拠史料考」（同氏『小学金石論叢』巻五所収、商務印書館、一九三七年）

(21) 盧南喬「従史学和史料来論述《漢書》編纂時点」（『山東大学学報』一九六一―四。のちに『中国史学史論集』㈠所載、上海人民出版社、一九八〇年）

(22) 注（2）所引王氏論文

(23) 注（2）所引辺士名氏論文によると、張湯伝と京房伝の「賛文が彪の『後伝』によるものであることを決定づける証拠は、実のところ、どこにもない」と断わりながらも、「これらの賛文にこめられた感慨は、父班彪にこそ相応しい」と推論されている。この推論を援用するならば、張湯伝はともかく、京房伝の一部も、班彪の撰述になる一篇として追加することができるかもしれない。

(24) 冉昭徳「班固与《漢書》」（『歴史教学』一九六二—四。のちに『中国史学史論集』㈠所載、上海人民出版社、一九八〇年）は、「《漢書》則以時代的順序為主、先専伝、次類伝、次辺疆各族伝、而以〝賊臣〟《王莽伝》居末、開后世叛逆或弐臣伝先例」（二六四頁）と述べ、また注（2）所引の稲葉氏前掲論文は、「『王莽紀』は『王莽伝』に改められて『後伝』の末尾に移され、（中略）、この作業によって『後伝』の下限を王莽の滅亡とすることも決定された」という解釈を示している。

(25) たとえば、田村実造「班家の人びと」（『竜谷史壇』六八・六九、一九七四年）に、『後伝』「数十篇が未完成であった。……。（班固は）遺された未完成の『後伝』を私撰することに専念しはじめた」とあり、また増井経夫『中国の歴史書——中国史学史——』5漢書（刀水書房、一九八四年）に、「後漢になると班彪が『史記』の続編を書こうと、数十篇を書いたが果さず、子の班固がこれをつぐことになった」（四六頁）とされ、さらに伊藤徳男「武帝と『史記』と直筆」（同氏『史記十表に見る司馬遷の歴史観』第七章所収、平河出版社、一九九四年）に、「班固の父班彪は、武帝以後の漢代史を続成しようとして、『後伝』数十篇を執筆し、未完成で死去した」（二三六頁）といい、さらにまた堀敏一「司馬遷の歴史思想」（『駿台史学』九四、一九九五年）に、「後漢の班彪は史記が漢の武帝までしか書いていないので（当然だが）、その後を書いたが未完成であったのを、子の班固が書きついで漢書を作った」と記述されるのが、そのいくつかの好例である。

(26) この意味から、後述の事例も含めて、狩野直喜「史記と漢書」下（同氏『両漢学術考』両漢文学考三二所収、筑摩書房、一九六四年）において、「一体漢書に於いて、真に班固の手になるものは、果して幾何ぞや」（二四三頁）と疑問視されるまでになっている。

(27) この列伝については、松浦嘉三郎「漢書韋玄成伝を読む」（『支那学』七—二、一九三四年）がある。

(28) 『意林』所引傅玄伝に、「班固の漢書は、父に因りて成るを得るも、遂に没して彪を言わず。殊に馬遷と異なるなり」とされ、また『文心彫竜』巻四史伝一六に、「班固の漢を述ぶるに及んで、……、親を遺《わす》れて美を攘《ぬす》む」とされる。さらに『顔氏家訓』文章篇に、「父の史を盗竊す」とあり、また『通志』序に、「班固なる者は浮華の士なり。全く学術無く、専ら剽竊を事とす」と批判罵倒されている。

（29）注（2）所引稲葉氏論文

（30）その詳細については、川久保広衛「『漢書』文帝紀考」（『二松学舎創立百十周年記念論文集』所載、二松学舎、一九八七年）を参照。

（31）『漢書』と官公文書との関係については、趙翼『二十二史箚記』巻二漢書多載有用之文を参照。なお呉福助『漢書採録西漢文章探討』二漢書採録西漢文章之数量（文津出版社、一九八八年）によると、『漢書』の採録する漢代の文章の総数は一二二〇篇。そのうち詔令類は五三九条で全体の四六・〇七パーセント、また奏議類は四八七条で全体の四一・六二パーセントを占めると数えられている。なおこれを参考とした研究に、山田勝芳「『漢書』の『資料』を求めて――特に本紀引用の詔令について――」（『汲古』一六、一九九〇年）がある。

（32）福井重雅「董仲舒の対策の基礎的研究」（『史学雑誌』一〇六―二、一九九七年）を参照。

（33）注（11）所引鄭氏著書による。

（34）『漢書』の文学性・文字論については、陳梓権「《漢書》的文学価値」（『中山大学学報』、一九八二―三）、管雄「漢書古字論例」（『学原』一―一一、一九四八年）、周名煇「漢書古字箋証（上）・（下）」（『学原』三―八・九、一九四九・五〇年）などがある。

**〈付記〉**

この論文の浄書にさいして、早稲田大学第一文学部東洋史学専修五年学生土屋雄介君（二〇〇一年三月卒業）の労を煩わした。

# 付録　『史記』『漢書』紀伝・世家対照表

たとえば『史記』巻九二淮陰侯列伝は、『漢書』のどの列伝に立てられているか、あるいは『漢書』巻四六衛綰伝は、『史記』のいかなる世家・列伝に収められているか、『史記』『漢書』を中心に漢代の歴史・思想などを研究するばあい、この検索はときに多分に〝面倒〟をともなう問題である。この付録はそのような〝面倒〟の一部を解消するために私用に作成した図表である。

『史記』『漢書』の世家・列伝の異同を対比した作品として、宋の倪思撰・劉辰翁評『班馬異同』三十五巻が名高い。またそれにもとづいて作成された一書に、明の許相卿輯『史漢方駕』三十五巻がある。それぞれの書名どおり、前者は『漢書』列伝を骨子として、それと『史記』世家・列伝とを対比し、後者は逆に『史記』紀伝・世家を基礎として、それと『漢書』列伝との対比を試みた作品である。以下の付表はこれら両書（『四庫全書存目叢書』史部所収、荘厳文化事業有限公司、一九九八年）を底本とし、多少の補訂をほどこして、一覧としたものである。

周知のように、『史記』巻一三〇太史公自序に、「高祖本紀を作る。第八」、「賈生列伝を作る。第二十四」と述べられ、他方、『漢書』巻一〇〇叙伝に、「高（帝）紀を述ぶ。第一」、「陳勝、項籍伝を述ぶ。第一」と記されるように、『史記』では本紀・列伝、『漢書』では帝紀・伝の称謂が使用されている。この表もその標題に準じた。またたとえば『史記』荊燕世家のばあいは、荊王世家・燕王世家に、また張耳陳余列伝のばあいは、張耳列伝・陳余列伝に、それぞれ分離して取り扱った。他のばあいもそれと同じである。

なお本表の作成にさいして、戸川芳郎「歌謡辞と漢書と」（『中国古典文学大系』月報9所載、平凡社、一九六八年）の「漢書と史記の対応」および朱東潤「漢書考索・馬班異同」（同氏『史記考索』所収、華東師範大学出版社、一九九六年）を参考にした。

## 凡例

一　表中の巻数はすべて通巻の番号による。

一　〈　〉は『史記』の「録有りて書無し」とされる十篇中の紀伝・世家。

一　（　）は『史記』には正式に立てられず、『漢書』において立てられた伝記。

一　〔　〕は『史記』の雑（類）伝中にあり、『漢書』において単独に立てられた伝記。

**〈表〉『史記』『漢書』紀伝・世家対照表**

| 『史記』 | | 『漢書』 | |
|---|---|---|---|
| 巻数 | 紀伝・世家名 | 巻数 | 紀伝名 |
| 七 | 項羽本紀 | 三一 | 項籍伝 |
| 八 | 高祖本紀 | 一 | 高帝紀 |
| 九 | 呂太后本紀 | 二 | 恵帝紀 |
| 九 | 呂太后本紀 | 三 | 高后紀 |

| | | | |
|---|---|---|---|
| 九 | 呂太后本紀 | 九七 | 外戚伝＝高祖呂后伝 |
| 一〇 | 孝文本紀 | 四 | 文帝紀 |
| 一一 | 〈孝景本紀〉 | 五 | 景帝紀 |
| 一二 | 〈孝武本紀〉 | 六 | 武帝紀 |
| 四八 | 陳渉世家 | 三一 | 陳勝伝 |
| 四九 | 外戚世家 | 九七 | 外戚伝 |
| 五〇 | 楚元王世家 | 三六 | 楚元王伝 |
| 五一 | 荊王世家 | 三五 | 荊王賈伝 |
| 五一 | 燕王世家 | 三五 | 燕王沢伝 |
| 五二 | 斉悼恵王世家 | 三八 | 高五王伝 |
| 五三 | 蕭相国世家 | 三九 | 蕭何伝 |
| 五四 | 曹相国世家 | 三九 | 曹参伝 |
| 五五 | 留侯世家 | 四〇 | 張良伝 |
| 五六 | 陳丞相世家 | 四〇 | 陳平伝 |
| 五七 | 絳侯世家 | 四〇 | 周勃伝 |

| | | | |
|---|---|---|---|
| 五七 | 絳侯世家 | 四〇 | 周亜夫伝 |
| 五八 | 梁孝王世家 | 四七 | 文三王伝 |
| 五九 | 五宗世家 | 五三 | 景十三王伝 |
| 六〇 | 〈三王世家〉―褚少孫補― | 六三 | 武五子伝 |
| 八三 | 鄒陽列伝 | 五一 | 鄒陽伝 |
| 八四 | 賈生列伝 | 四八 | 賈誼伝 |
| 八九 | 張耳列伝 | 三二 | 張耳伝 |
| 八九 | 陳余列伝 | 三二 | 陳余伝 |
| 九〇 | 魏豹列伝 | 三三 | 魏豹伝 |
| 九〇 | 彭越列伝 | 三四 | 彭越伝 |
| 九一 | 黥布列伝 | 三四 | 黥布伝 |
| 九二 | 淮陰侯列伝 | 三四 | 韓信伝 |
| 九三 | 韓王信列伝 | 三三 | 韓王信伝 |
| 九三 | 盧綰列伝 | 三四 | 盧綰伝 |
| 九五 | 樊噲列伝 | 四一 | 樊噲伝 |

| | | | |
|---|---|---|---|
| 九五 | 酈商列伝 | 四一 | 酈商伝 |
| 九五 | 滕公列伝 | 四一 | 夏侯嬰伝 |
| 九五 | 灌嬰列伝 | 四一 | 灌嬰伝 |
| 九六 | 張丞相列伝 | 四二 | 張蒼伝 |
| 九六 | 張丞相列伝 | 四二 | （周昌伝） |
| 九六 | 張丞相列伝 | 四二 | （任敖伝） |
| 九六 | 張丞相列伝 | 四二 | （申屠嘉伝） |
| 九七 | 酈生列伝 | 四三 | 酈食其伝 |
| 九七 | 陸賈列伝 | 四三 | 陸賈伝 |
| 九七 | 酈生陸賈列伝 | 四三 | （朱建伝） |
| 九八 | 〈傅寛列伝〉 | 四一 | 傅寛伝 |
| 九八 | 〈靳歙列伝〉 | 四一 | 靳歙伝 |
| 九八 | 〈傅靳蒯成列伝〉 | 四一 | （周緤伝） |
| 九九 | 劉敬列伝 | 四三 | 婁敬伝 |
| 九九 | 叔孫通列伝 | 四三 | 叔孫通伝 |
| 一〇〇 | 季布列伝 | 三七 | 季布伝 |

| | | | |
|---|---|---|---|
| 一〇〇 | 欒布列伝 | 三七 | 欒布伝 |
| 一〇一 | 袁盎列伝 | 四九 | 爰盎伝 |
| 一〇一 | 鼂錯列伝 | 四九 | 鼂錯伝 |
| 一〇二 | 張釈之列伝 | 五〇 | 張釈之伝 |
| 一〇二 | 馮唐列伝 | 五〇 | 馮唐伝 |
| 一〇三 | 万石君列伝 | 四六 | 石奮伝 |
| 一〇三 | 張叔列伝 | 四六 | 張歐伝 |
| 一〇三 | 万石張叔列伝 | 四六 | （衛綰伝） |
| 一〇三 | 万石張叔列伝 | 四六 | （直不疑伝） |
| 一〇四 | 田叔列伝 | 三七 | 田叔伝 |
| 一〇六 | 呉王濞列伝 | 三五 | 呉王濞伝 |
| 一〇七 | 魏其侯列伝 | 五二 | 竇嬰伝 |
| 一〇七 | 武安侯列伝 | 五二 | 田蚡伝 |
| 一〇七 | 魏其武安侯列伝 | 五二 | （灌夫伝） |
| 一〇八 | 韓長孺列伝 | 五二 | 韓安国伝 |
| 一〇九 | 李将軍列伝 | 五四 | 李広伝 |

| | | | |
|---|---|---|---|
| 一〇九 | 李将軍列伝 | 五四 | （李陵伝） |
| 一一〇 | 匈奴列伝 | 九四 | 匈奴伝 |
| 一一一 | 衛将軍列伝 | 五五 | 衛青伝 |
| 一一一 | 驃騎将軍列伝 | 五五 | 霍去病伝 |
| 一一一 | 衛将軍驃騎列伝 | 六六 | （公孫賀伝） |
| 一一一 | 衛将軍驃騎列伝 | 五五 | （李息伝） |
| 一一一 | 衛将軍驃騎列伝 | 五五 | （公孫敖伝） |
| 一一一 | 衛将軍驃騎列伝 | 五五 | （李沮伝） |
| 一一一 | 衛将軍驃騎列伝 | 五五 | （張次公伝） |
| 一一一 | 衛将軍驃騎列伝 | 五四 | （蘇建伝） |
| 一一一 | 衛将軍驃騎列伝 | 五五 | （趙信伝） |
| 一一一<br>一二三 | 衛将軍驃騎列伝<br>大宛列伝 | 六一 | （張騫伝） |
| 一一一 | 衛将軍驃騎列伝 | 五五 | （趙食其伝） |
| 一一一 | 衛将軍驃騎列伝 | 五五 | （郭昌伝） |
| 一一一 | 衛将軍驃騎列伝 | 五五 | （荀彘伝） |
| 一一一 | 衛将軍驃騎列伝 | 五五 | （路博徳伝） |
| 一一一 | 衛将軍驃騎列伝 | 五五 | （趙破奴伝） |
| 一一二 | 平津侯列伝 | 五八 | 公孫弘伝 |
| 一一二 | 主父列伝 | 六四 | 主父偃伝 |
| 一一三 | 南越列伝 | 九五 | 南粤伝 |
| 一一五 | 朝鮮列伝 | 九五 | 朝鮮伝 |
| 一一六 | 西南夷列伝 | 九五 | 西南夷伝 |
| 一一七 | 司馬相如列伝 | 五七 | 司馬相如伝 |
| 一一八 | 淮南衡山列伝 | 四四 | 淮南厲王長伝 |
| 一一八 | 淮南王列伝 | 四四 | 淮南王安伝 |
| 一一八 | 衡山列伝 | 四四 | 衡山王賜伝 |
| 一一八 | 淮南衡山列伝 | 四五 | （伍被伝） |
| 一一九 | 循吏列伝 | 八九 | 循吏伝 |
| 一二〇 | 汲黯列伝 | 五〇 | 汲黯伝 |
| 一二〇 | 鄭当時列伝 | 五〇 | 鄭当時伝 |
| 一二一 | 儒林列伝 | 八八 | 儒林伝 |

| | | | |
|---|---|---|---|
| 一二一 | 儒林列伝 | 五六 | （董仲舒伝） |
| 一二一 | 儒林列伝 | 五八 | （児寛伝） |
| 一二二 | 酷吏列伝 | 九〇 | 酷吏伝 |
| 一二二 | 酷吏列伝 | 五九 | （張湯伝） |
| 一二二 | 酷吏列伝 | 六〇 | （杜周伝） |
| 一二三 | 大宛列伝 | 九四 | 匈奴伝 |
| 一二三 | 大宛列伝 | 九六 | 西域伝 |
| 一二三 | 大宛列伝 | 六一 | （李広利伝） |
| 一二四 | 游侠列伝 | 九二 | 游侠伝 |
| 一二五 | 佞幸列伝 | 九三 | 佞幸伝 |
| 一二六 | 滑稽列伝 —褚少孫補— | 六五 | （東方朔伝） |
| 一二九 | 貨殖列伝 | 九一 | 貨殖伝 |
| 一三〇 | 太史公自序 | 六二 | （司馬遷伝） |

# 付節二　蔡邕『独断』の研究
## ――『後漢書』編纂外史――

### まえがき

蔡邕、字は伯喈、兗州陳留郡圉県（現河南省杞）の人である。のちの初平元年（一九〇）に左中郎将に選任されたので、別に蔡中郎将とも称される。(1)後漢末期の女流詩人として知られ、楽府「胡笳十八拍」の作者に擬せられる蔡琰、字は文姫は、蔡邕の一女である。ちなみに鄭光祖撰になる元雑劇の一篇『王粲登楼』の主役の一人はこの蔡邕であり、また元末の南曲として名高い高明『琵琶記』の主人公蔡中郎もまたこの蔡邕に取材するといわれる。

蔡邕自身の生涯・学問・文芸などについては、すでに先学による多くの研究の蓄積があるので、(2)委細はそれらの論考にほぼ尽くされているといってよい。しかし少なくとも蔡邕とその著書『独断』(3)との関係については、管見によるかぎり、それを考察の対象とした論文のあることを知らない。したがってここではただ『独断』の撰述に関する問題にのみ焦点を絞って、以下、その生平や著述を究明することにしたい。その間に自ずから『後漢書』編纂の一端に言及することになるであろう。

# 一

蔡邕の伝記は『後漢書』巻六〇下蔡邕伝（以下、『蔡邕伝』と略称）に収められているが、それによると、順帝の陽嘉元年（一三二）もしくは同二年（一三三）に、彼は蔡棱の一子として生を享けた。[4]「漢官典職儀式選用」の撰者蔡質は棱の弟、すなわち蔡邕の叔父に当たる。[5]『蔡邕伝』と張璠『後漢紀』蔡邕伝を見ると、蔡邕は、

少《わか》くして博学にして、太傅胡広に師事し、辞章、数術、天文を好み、妙《たく》みに音律を操《あやつ》る。

とあり、また袁宏『後漢紀』巻二七献帝紀、『世説新語』品藻篇注所引『続漢書』、『太平御覧』巻二四〇所引『後漢書』、『後漢書補註』所引『蔡邕別伝』などに、右と大同小異の文章が散見する。それらはいずれも蔡邕は「儁才」にして「善く文を属《つづ》り」、「技芸、術数」に「精綜ならざるは無し」という人物であったと叙述している。彼が多芸多才の持主で、当時、第一級の学者・文人であったということも、すでに研究者の見解の一致するところである。[6]

しかしとくに『独断』との関連において重視されるのは、右の文中に明記されるように、彼が太傅胡広、字は伯始に師事したとされる点である。『後漢書』巻四四胡広伝によると、胡広は安帝・順帝・沖

帝・質帝・桓帝・霊帝の「六帝に歴事」し、「自ら公台に在ること三十余年」、司空・司徒・大尉・太傅の要職を歴任した後漢後期随一の政治家であった。また同時に、「百官箴、凡そ四十八篇」をはじめとして、「其の余の著す所の詩賦、銘頌、箴弔及び諸々の解詁、凡そ二十三篇」と略述されるように、一方では彼は当時有数の学者と目されていた。『文心彫竜』章表篇に、「左雄の奏議」とともに、「胡広の章奏は天下第一にして、並びに当時の傑筆なり。伯始の謁陵の章を観るに、其の典文の美を見るに足れり」と絶賛されるように、とくに彼は章奏の作文に優れていたらしい。熹平元年（一七二）、八十二歳の高齢をもって他界したが、その盛大な葬儀のありさまは、「漢興りて以来、人臣の盛んなること、未だ嘗て有らざるなり」と特筆されるごとくであった。蔡邕は自らの師の死去にさいして、勅令によって頌を執筆したが、その一部は謝承『後漢書』や『文選』の注に採択され、また長文からなる三種の碑文が『蔡中郎集』巻四に収録されている。『蔡邕伝』注所引『蔡邕別伝』と『続漢書』律暦志下注所引の「蔡邕戍辺上章」によると、のちに彼は、

臣の師事せし所の故太傅胡広は、臣の頗る其の門戸を識るを知りて、略《ほぼ》有する所の旧事を以て臣に与う。未だ備《つぶさ》に悉《つく》さざると雖も、初めて首尾を見て、思惟を積累すること二十余年。

云々と述べているが、この一節によって、生前、胡広は私有する漢代の「旧事」を蔡邕にあたえたことが明らかにされる。この「旧事」とは具体的にどのような内容の資料であったかは不明であるが、ここに胡広の著作と『独断』との関連性を暗示する関鍵の一つがあるように思われる。

このような観点からあらためて『続漢書』礼儀志上注所引謝承『後漢書』を見ると、

　太傅胡広は旧儀を博綜し、漢制度を立て、蔡邕は因りて以て志を為《つく》る。譙周は後に改定し以て礼儀志を為る。

とあって、胡広が「旧儀」を中心に「漢制度」とよばれる文書を作成し(7)、それにもとづいて、蔡邕が「志」を執筆したと記されている。この「漢制度」は『隋書』巻二八経籍志二には著録されていないが、『後漢書』『続漢書』『文選』などの各注に、その断簡と思われるつぎの七つの記事が散見する。以下、それらを列挙しつつ、「漢制度」と『独断』との関連を模索することにしよう。

その一は、『後漢書』巻一上光武帝紀上建武元年（二五）九月の条注所引のつぎの記事である。

　漢制度に曰く、帝の下書に四有り。一に策書と曰い、二に制書と曰い、三に詔書と曰い、四に誡勅と曰う。策書とは編簡なり。其の制、長さ二尺、短き者は之れに半ばす。篆書し、年月日を起《た》て、皇帝と称し、以て諸侯王に命ず。三公の罪を以て免ぜらるるも亦策を賜う。而して隷書を以てし、尺一の木を用いて両行す。唯だ此れのみを異と為すなり、と。

一方、『独断』巻上の冒頭の「漢天下正号」の項には、つぎの記事が掲載されている。

　其の命令は、一に策書と曰い、二に制書と曰い、三に詔書と曰い、四に戒書と曰う。……。策書。策とは簡なり。礼に曰く、百文に満たざれば、策に書せず、と。其の制、長さ二尺、短き者は之れに半ばす。其の次《じ》は一長一短、両編し、下に篆書を付す。年月日を起《た》て、皇帝曰くと称し、以て諸侯王、三公に命ず。其れ諸侯王、三公の位に薨ずる者も、亦策書を以てす。其の行ないを誄謚して之れを賜うこと、諸侯の策の如し。三公の罪を以て免ぜらるるも亦策を賜う。文体は上策の如くにして隷書し、尺一の木を以て両行す。唯だ此れのみを異と為すなり。

これら二つの記事を比較するとき、前者の「漢制度」が簡略であり、後者の『独断』が詳細であるという相違はあるものの、両者がほぼ同一の史料にもとづいて作成されていることは疑いない。[8] しかも引用を省略したが、この記事につづく「漢制度」の「制書」「詔書」「誡勅」の三つの個々の内容は、精粗の差こそあれ、『独断』に記載される「制書」「詔書」「戒書」の各内容と基本的に一致する。このような対校を試みるとき、その文体といい叙述といい、「漢制度」と『独断』との間に明らかに相関関係があることが瞭然とする。

その二は、右の光武帝紀の建武二年（二六）正月の条注に、

漢礼《ママ》制度に曰く、人君の居は前に朝有り、後ろに寝有り。終われば則ち前に廟を制して以て朝に象《かたど》り、後ろに寝を制して以て寝に象る、と。

とあり、一方、『独断』巻下「宗廟の制」の項に、「古学」からの引用として、

古学以為えらく、人君の居は前に朝有り、後ろに寝有り。終われば則ち前に廟を制して以て朝に象り、後ろに寝を制して以て寝に象る、と。

という全く同一の文章が存在する。ここでは「漢制度」は「古学」と称されているが、その理由は明ら

かではない。

その三は、『漢後書』巻七九上儒林伝上序注に、つぎの一節が引用されている。

胡広漢制度に曰く、天子出づるや、大駕、法駕、小駕有り。大駕は則ち公卿奉引して、大将軍驂乗し、太僕御す。属軍は八十一乗、千乗万騎を備う。法駕には公は鹵簿に在らずして、唯だ河南尹、執金吾、洛陽令のみ奉引して、侍中驂乗し、奉車郎御す。属車は三十六乗。小駕、大駕、奉駕は、侍御史車騎を整うるなり、と。

これに対して、『独断』巻下「天子出車駕次第」の項を見ると、

天子の車駕を出だ《い》す次第、之れを鹵簿と謂う。大駕有り、小駕有り、法駕有り。大駕は則ち公卿奉引して、大将軍参乗し、太僕御す。属車は八十一乗、千乗万騎を備う。〔中略〕。法駕には公卿は鹵簿の中に在らずして、唯だ河南尹、執金吾、洛陽令のみ奉引して、侍中参乗し、奉車郎御す。属車は三十六乗。……。小駕は宗廟を祠るに之れを用う。出づる毎《ごと》に太僕駕を奉じ、鹵簿を尚書中に上《たてまつ》る。中常侍、侍御史の主者、郎、令史は、皆注に執りて以て諸軍の車騎を督整す。

とあり、後半の部分に多少の異同が見受けられるものの、両者はともにほぼ同文から成り立っている。

その四は、この一文とも関連して、『文選』巻三八任彦升為蕭揚州薦士表注に、

胡広漢官《ママ》制度に曰く、天子の出づるや、車駕の次第、之れを鹵簿と謂う。長安の時、出でて天を甘泉に祠るに、之れを用う。名づけて甘泉鹵簿と曰う、と。

という文章が引かれているが、それは右に示した『独断』の〔中略〕の部分、すなわち、
長安に在りし時、出でて天を甘泉に祠るに、之れに百官を備う。其の儀注有り、名づけて甘泉鹵簿と曰う。

という一節に対応するものである。ここにいう「漢官制度」とは、前記の「漢礼制度」とともに、いずれも「漢制度」の誤記であろう。

その五は、『続漢書』百官志五列侯の項の注に見られる左の一文である。

胡広漢制度に曰く、功徳優盛にして、朝廷の敬異する所の者は、位特進を賜る。三公の下に在りて、車騎の下に在らず、と。……。胡広制度に曰く、是れを猥諸侯と為す、と。

再び『独断』巻下「皇子封為王者」の項を見ると、同じく、

功徳優盛にして、朝廷の異とする所の者は、位特進を賜る。位は三公の下に在り。……。次は小国侯。……。之れを猥諸侯と謂う。(9)

という一節が目に入る。「胡広制度」とは「漢制度」の脱字または別称と考えてよかろう。

その六は、『続漢書』輿服志上戎車の項の注に、

漢制度に曰く、戎立車あり、征伐に以《もち》う。

とあり、これに相当する短文が、『独断』巻下「法駕」の項に、

又戎立車有り、征伐に以う。

と見える。

最後に七は、時代は少し下るが、『宋書』巻一八礼志五に、

孝建三年五月壬戌、有司奏す、案ずるに胡広、蔡邕並びに云う、古者《いにしえ》は諸侯、弐車九乗なるも、秦六国を滅ぼすや、其の車服を兼ねたり。故に王者の大駕は属車八十一乗なり。尚書、御史之れに乗る。最後の一車には豹尾を懸く。法駕は則ち三十六乗なり、と。……。尚書令建平王宏参議す、八十一乗は、義は九国を兼ね、三十六乗は准る所無し。並びに経典に出でずして、邕、広の伝説自りす、と。

とあるが、この一節もまた『独断』巻下「乗輿車」の項に、

古者は諸侯の弐車は九乗なるも、秦九《ママ》国を滅ぼすや、其の車服を兼ねたり。故に大駕の属車は八十一乗なり。尚書、御史之れに乗る。最後の一車には豹尾を懸く。

と記される文章と軌を同じくする。『宋書』の文中に「胡広、蔡邕並びに云う」とあり、また「(蔡)邕、(胡)広の伝説」とされているところから判断すると、この記事もまた「漢制度」と『独断』との相関関係を証明する史料の一つに数えることができる。

以上の七つの挙例によって明らかにされるように、『独断』が「漢制度」を骨子とし、それを祖本の一つとして撰述されたことは疑いない事実である。『続漢書』礼儀志中の末尾の注を見ると、その出典は明記されていないが、この想定を裏付けるに足りる左のような興味ある一文が目に入る。

蔡邕曰く、群臣の朝見の儀は、晩《おそ》からずして十月の朔に朝するの故に視《なぞら》う。以て胡広に問う。広曰く、旧儀には、公卿以下月毎《ごと》に常に朝す。先帝其の頻なるを以て、故に省き、唯だ六月、十月の朔にのみ朝す。後に復《ま》た六月の朔は盛暑なるを以て、之れを省く、と。

この文章は蔡邕が朝見の朔日について胡広に問い質したところ、胡広が「旧儀」を典拠にして、それに直答したという経緯を物語るものである。ところが『独断』巻下「正月朝賀」の項を見ると、

旧儀には、三公以下月ごとに朝す。後に省かれて、常に六月朔、十月朔の日を以て朝す。後に又盛暑なるを以て、六月の朝を省く。

とあって、胡広との応答がほぼそのまま『独断』の文中に〝消化〟されているのである。また『続漢書』祭祀志下注所引「蔡邕表志」に、「臣以て胡広に問う」とあり、さらに『独断』巻下「通天冠」「法冠」「武冠」の項に、三回にわたって「太傅胡広（公）説きて曰く」という一種の発語が使用されている。このような筆法や文体こそ、胡広と蔡邕との間の親密な師弟関係を伝えるものであろう。

現行の『独断』の文中には、誤記・錯簡をはじめとする不備は必ずしも少なくない。しかし前述のように、蔡邕は年少より「太傅胡広に師事」し、その「有する所の旧事」をあたえられ、さらに「漢制度」を藍本として、『独断』上・下二巻を執筆したことはまちがいない。このような由緒の正しく系統の明らか原典に立脚して編纂されたという意味において、漢代の制度や文物を知る上に、『独断』は第一等の資料的な価値を伝え残す著作である。

# 二

桓帝の延熹二年（一五九）、蔡邕ははじめて中常侍の徐璜らによって招請されるが、その出仕の途次、「疾と称」して帰郷し、以来、十余年間、「間居して古を翫《もてあそ》び、当世に交わらず」という退隠生活に入る。ときに二十七歳前後。ついで霊帝の建寧三年（一七〇）、彼ははじめて官途に就く。

建寧三年、司徒橋玄府に辟せらる。玄甚だ之れを敬待す。出でて河平長に補せられ、召されて郎中に拝せらる。書を東観に校し、議郎に遷る。

『後漢紀』巻二七献帝紀の初平三年（一九二）の条によると、蔡邕は「初め司徒府の吏に辟せられ、郎中に遷り、東観に著作す」と略述されるが、両者の記事によると、彼は辟召ののちに地方の県長をへて、やがて郎中に任命された結果、東観に出入りするという官歴を歩みはじめたことがわかる。上掲の「蔡邕戍辺上章」に、つぎの一文が見出される。(10)

蔡邕戍辺上章に曰く、朔方の髠鉗の徒臣邕、稽首再拝して皇帝陛下に上書す。臣邕は陛下の尤異なる大恩を被り受け、初めて宰府由り数を典城に備え、叔父の故衛尉（蔡）質の時を以て尚書と為り、召されて郎中に拝せらる。詔を受けて東観に詣りて著作し、遂に群儒と並《とも》に議郎に拝せらる。恩沢に沐浴し、聖問に承答すること、前後六年。……、と。

後述するように、この「上章」は光和元年（一七八）に執筆された一篇であるが、文中に「前後六年」とある記事から逆算すると、彼が議郎に就任したのは、熹平二年（一七三）前後のことに当たる。またのちにも考証するように、『独断』の原文はおそらく建寧五年、厳密には改元した熹平元年（一七二）ごろに撰述されたと想定されるから、それはまさに蔡邕が議郎に昇任する直前、すなわち郎中の一員であった時代に相当する。とするならば、「召されて郎中に拝せらる。詔を受けて東観に詣りて著作し」たという当時の蔡邕の官歴も、また『独断』の執筆に有形無形に影響をあたえたはずである。同年の熹平元年三月壬戌（八日）、蔡邕の恩師胡広が在任のまま逝去。享年八十二歳。

議郎として東観に出仕していた当時、蔡邕に関して注意すべき一つの事実が見出される。それは「漢記」の撰述という問題である。すなわち『蔡邕伝』に、

　邕は前《さき》に東観に在りしとき、盧植、韓説等と後漢記を撰補す。会《たま》々事に遭いて流離し、成すを得るに及ばず。

とあるのがそれである。ただしここでは蔡邕は「後漢記を撰補」したと記述されているが、『東観漢記』[11]の書名が示すように、一般に東観において編集された史書は、「漢記」であって「後漢記」ではない。後出の史料ではあるが、『隋書』巻三三経籍志二に、「相次いで東観に著述し、これを漢記と謂う」とあり、また『史通』史官建置篇に、「章（帝）和（帝）自り已後、図籍は東観に盛んなり。凡そ漢記を撰する者は、相継いで其の中に在り」とあり、さらに同古今正史篇に、「凡そ百十有四篇、号して漢記と曰

う」と見えるのはそれを傍証するものである。したがって『後漢書』巻五九張衡伝に、「永初中、謁者僕射劉珍、校書郎劉騊駼等、東観に著作し、漢記を撰集す」とあり、また同巻六四盧植伝に、

　復た徴されて議郎に拝せられ、諫議大夫馬日磾、議郎蔡邕、楊彪、韓説等と並《とも》に東観に在りて、中書の五経の記伝を校し、漢記を補続す。

とあるから、これら二つの記事にしたがって、「後漢記」の「後」は衍字であり、正確には「漢記」と改めるべきかもしれない。それはともかく、蔡邕が「漢記」の撰者の一人であったことは、ほかに同巻五四楊彪伝注所引華嶠『後漢書』、同巻七〇孔融伝注所引『三輔決録』、『続漢書』各志注所引の逸文などによっても裏付けられるところである。

それでは蔡邕が東観に出入して補撰したとされる「漢記」とは、一体、どのような史料であったであろうか。後漢一代における修史事業[12]については、前記の『史通』古今正史篇の中に見られるが、それにはおよそ左のように述べられる。

　漢の中興に在りて、明帝は始めて班固に詔して、睢陽令陳宗、長陵令尹敏、司隷従事孟異（冀）と世祖本紀を作らしむ。幷せて功臣及び新市、平林、公孫述の事を撰し、列伝、載記二十八篇を作る。是れ自り以来、春秋考紀は、亦以て煥炳するも、而るに忠臣、義士は之れを撰勒する莫し。是こに於いて又史官の謁者僕射劉珍及び諫議大夫李尤に詔して、紀、表、名臣、節士、儒林、外戚の諸伝を雑作せしむ。建武自り起こし、永初に訖りて、事業垂竟《おわ》らんとす。而るに珍、尤の継《つ》ぎ卒《おわ》るや、

復た侍中伏無忌に命じて、諫議大夫黄景と諸王、王子、功臣、恩沢侯表、南単于、西羌伝、地理志を作らしむ。元嘉元年に至りて、復た太中大夫辺韶、大軍営司馬崔寔、議郎朱穆、曹寿をして、孝穆、崇二皇后及び順烈皇后伝を雑作せしむ。又外戚伝を増して安思等后を入れ、儒林伝に崔篆の諸人を入る。寔、寿は又議郎延篤と百官表、順帝の功臣孫程、郭願及び鄭衆、蔡倫等の伝を雑作す。凡そ百十有四篇。号《なづ》けて漢記と曰う。熹平中、光禄大夫馬日磾、議郎蔡邕、楊彪、盧植は東観に著作し、紀伝の成る可き者に接続す。而して邕は別に朝会、車服の二志を作る。後に事に坐して朔方に徙さるるも、上書して還るを求め、十志を続成す。会々董卓乱を作《な》し、大駕西遷するや、史臣廃棄せられ、旧文散佚す。許都に在るに及んで、楊彪は頗る注記を存《たも》ち、名賢、君子に至る。永初自り已下、続ぐことを闕けり。魏の黄初中唯だ先賢表を著すのみ。故に漢記は残欠するも、晋に至りて成る無し。泰始中、秘書丞司馬彪は、始めて衆書を討論し、其の聞する所を綴り、元を光武に起こし、孝献に終わるまで、世を録すること十二、年を編むこと二百。上下を通綜し、庶事を旁引して、紀志伝、凡そ八十篇を為り、号けて続漢書と曰う。又散騎常侍華嶠は東観記を删定し、後漢書を作る。帝紀十二、皇后紀二、典十、列伝七十、譜三。総《す》べて九十七篇。其の十典は竟に成らずして卒す。斯れ自り已往、作者相継《あいつ》ぎ、編年を為る者四族、紀伝を創《つく》る者五家。其の長ずる所を推すに、華氏最に居る。而るに晋の東徙するに遭いて、三に惟だ一の存するのみ。宋に至りて宣城太守范曄は、乃ち広く学徒を集め、旧籍を窮覧して、煩を删り略を補い、後漢書を作る。凡そ十紀、十志、八十列伝、合して百篇と為す。[13]

この一文を参照しつつ、現行の『後漢書』にいたる史書編纂の過程を整理し、要約すると、それはつぎのような図表にまとめることができる。[14]

**〈表Ⅰ〉　後漢における修史事業**

| 皇帝 | 年代（西紀） | 撰者 | 内容 | 篇数 | 出典 |
|---|---|---|---|---|---|
| 明帝（顕宗） | 永平年間（五八～七五） | 班固・陳宗・尹敏・孟冀・劉復・賈逵など | 世祖本紀・（光武）功臣伝・新市載記・平林載記・公孫述載記 | 二十八篇 | 『後漢書』巻一四宗室四王三侯伝＝北海靖王興伝・巻四〇上班固伝ほか |
| 安帝 | 永初年間（一〇七～一一三）<br>永寧年間（一二〇） | 劉珍・李尤・劉騊駼・劉毅など | 紀・表・中興以下（建武以来）名臣伝・節士伝・儒林伝・外戚伝 | | 『後漢書』北海靖王興伝・巻五九張衡伝・巻八〇上文苑伝＝李尤伝・劉珍伝・劉毅伝ほか |
| | 元嘉年間 | 伏無忌・黄景・崔 | 諸王伝・王子伝・功臣伝・恩沢侯表・南単于伝・西羌伝・地理志・孝穆皇后伝・孝崇皇后 | | 『後漢書』巻一六鄧騭伝・巻二六伏湛伝・巻五二崔寔伝・巻六四延篤伝・巻八〇上文苑伝 |

| | | | | | |
|---|---|---|---|---|---|
| 桓帝 | （一五一～一五二）<br>永寿年間<br>（一五五～一五七） | 寔・延篤・鄧嗣・朱穆・辺韶・曹寿など | 伝<br>蠡吾侯伝・順烈皇后伝・外戚伝＝安思閻皇后伝・儒林伝＝崔篆伝・百官表・順帝功臣伝＝孫程伝・郭願伝・鄭衆伝・蔡倫伝 | 凡百十有余篇 | ＝辺韶伝ほか |
| 霊帝 | 熹平年間<br>（一七二～一七七） | 蔡邕・盧植・馬日磾・楊彪・韓説・劉洪など | 紀（桓帝?）・紀（霊帝）・列伝（四二篇）・十意（律暦、礼、郊祀など） | | 『後漢書』巻六〇下蔡邕伝・巻六四盧植伝・「蔡邕別伝」・華嶠『後漢書』・袁山松『後漢書』・謝承『後漢書』・謝沈『後漢書』・『三輔決録』ほか |

右の簡単な図表によって明らかにされるように、後漢においては、その草創の当初から、『漢書』を続成するための歴史編纂が開始された。『後漢書』巻四〇上班固伝上に、つぎのように記されるのが、それを最初に示す一例である。

顕宗甚だ之れを奇とし、召して校書部に詣らしめ、蘭台令史に除す。前《さき》の睢陽令陳宗、長陵令尹敏、司隷従事孟冀と共に世祖本紀を成す。遷りて郎と為り、秘書を典校す。

『漢書』の撰書班固が最初に手掛け、完成した史書がほかならぬ「世祖本紀」、すなわちのちに今日の『後漢書』光武帝紀となる原本の一つであったらしい。この明帝時代における帝紀・列伝などの作成を筆頭に、以下、前表のように数次にわたって後漢の歴史の撰述が続行された。それは蘭台・東観という一定の機関において「雑作」、すなわち複数の史官が共同して執筆するという歴史撰修の原型を形作った。と同時に、国家事業として同時代史を編纂するという意味において、それは後世の官撰国史の淵叢ともなるべき制度であった。蔡邕の参画し共編した「漢記」の続成は、まさしく後漢における最後の「漢記」の編纂であったということになる。このばあい『史通』忤時篇に見える左の一節が参考にされる。

唯だ後漢の東観は大いに群儒を集むるも、著述に主無く、条章も立つる靡し。是れに由りて伯度（李法）は其の実ならざるを譏り、公理（仲長統）は以て焚く可しと為す。張（衡）、蔡（邕）の二子は之れを当代に糾し、傅（玄）、范（曄）の両家は之れを後葉に嗤う。

もしこれが確実な典拠にもとづく文章であるとするならば、ここに蔡邕と『東観漢記』とを結び付ける唯一の接点が見出される。この『東観漢記』は、晋代以降、『史記』『漢書』とともに三史と併称され[15]たように、後漢一代の歴史を代表する作品として尊重されていた。従来、それは現存する『後漢書』の祖本の一種となったとされているが、両書の関連性についてはなお検討すべき余地が残され、全く疑問がないわけではない。[16]

このように後漢における歴史修撰の足跡を概観してみると、蔡邕は『独断』を執筆した直後に、ただちに「漢記」の述作に参加したということがわかる。その意味から、少なくとも『独断』は「漢記」のためのいわば習作の役割を演じたと想定してよいかもしれない。ただし史料の制約上、これ以上の詮索は不可能である。

三

最初の仕官から五年後の熹平四年（一七五）、蔡邕は五官中郎将堂谿典らと「正しく六経の文字を定むる」ことを上奏し、勅許を得て、蔡邕自ら碑文を執筆した。これが史上名高い「熹平の石経」である。さらには同六年（一七七）、災異の変に関して、蔡邕は七条からなる長文の封事を奏上した。翌光和元年（一七八）、彼は天子の下問に応答して再び上書するが、「公卿を譏刺し、内は寵臣に及ぶ」という弾劾を受けて、投獄の憂目に遭うこととなった。上記の『後漢紀』に、「直言を以て刑せらる」とある筆禍事件がそれである。

獄中からの上書の一節を見ると、「臣年四十有六」云々とあるから、当時、蔡邕は四十六歳であったことが知られる。このとき彼は一たんは「大不敬」の罪名をもって「棄市」の判決を下されたが、中常侍呂強が、「邕の無罪を愍みて之れを請う」たために、「詔有りて死一等を減ぜら」れ、「家属と髠鉗して朔方に徙さ」れることとなった。上掲の「蔡邕戍辺上章」に「朔方の髠鉗の徒臣邕」とある自称は、そのときの状態を物語るものである。

前述のように、蔡邕は東観に奉職していたとき、盧植や韓説らとともに、「漢記の撰補」に着手したとされている。しかしたまたまこの事件に遭遇し、その完成が遅れたために、彼はひとまずそのうちの「十意」を上奏することにした。『蔡邕伝』を見ると、

会々《たま》事に遭いて流離し、成すを得るに及ばず。因りて上書して自ら陳《の》べ、その著す所の十意を奏す。首目を分別し、連ねて章左に置く。

とあり、また同注所引『蔡邕別伝』によると、「邕は昔漢記、十意を作るも、未だ奏上するに及ばずして、事に遭いて流離す。因りて上書して自ら陳べて曰く」云々と記されている。ここにいう「十意」とは「十志」と同義で、桓帝の諱「志」を避けて「意」と改名したものである。右の『蔡邕別伝』に見える彼自身の上奏文によると、これら「十意」のうちの「六意」とは、

律暦意第一、礼意第二、楽意第三、郊祀意第四、天文意第五、車服意第六。

の六種であり、「集解」所引の周寿昌や王鳴盛らの考証によると、それらに「五行・郡国・百官・朝会」の四意を加え得るとされる。しかしこの「十意」はいち早く散逸して、今日まで完本として伝わっていない。前述のように、この「十意」が撰述されたのは、流刑から解放された光和元年（一七八）のことであるから、それは蔡邕が東観において「漢記」の編纂に従事していた以後のことになる。したがって

「十意」それ自体は、時間的に「漢記」の中に取り入れられることなく、単独に存在していたと考えなければならない。

周知のように、現行の『後漢書』の「志」は、のちに司馬彪『続漢書』(17)のそれと合刻したものである。しかし蔡邕の「十意」がそれらの志類と史料的にいかなる関係をもつものであるか、今日なおそれは未解決の問題の一つとして残される。そして未解決で不明ではあるが、以上を整理すると、およそつぎのように図示される。

〈表Ⅱ〉『独断』とその先後の史書

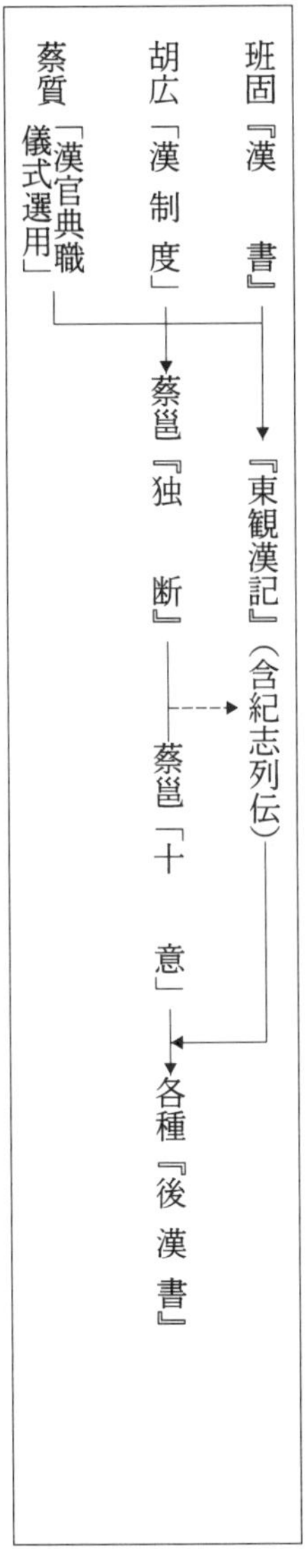


しかし『続漢書』律暦志下の論を見ると、つぎの一節に注意される。

光和元年中、議郎蔡邕、郎中劉洪、律暦志を補続す。邕は能く文を著し、鍾律を清濁し、洪は能く算を為し、三光を述叙す。今其の業を考論するに、義指博く通じ、術数略《ほぼ》挙がる。是こを以て集録して上下篇と為し、前志を放続して、以て一家に備う。

右の文によると、司馬彪は『続漢書』を編纂するにさいして、蔡邕の律暦志の一部に目を通し、それを参考にする機会をもったらしい。また『続漢書』の礼儀・祭祀・天文などの各志や注所引の逸文類を参照するかぎり、蔡邕の執筆した志類は、何らかの形で、現存する『後漢書』や『続漢書』の各志の原典の一部となっているようである。さらに右の二書の注釈以外にも、『文選』李善注をはじめ、『北堂書鈔』『初学記』『芸文類聚』『太平御覧』などの各種の類書の中に、蔡邕の「車（輿）服志」や「礼楽志」の断簡が引用されているが、このような事情を勘案するならば、少なくとも「十意」の一部は、後世まで伝え残されたと想定することが可能である。

この「十意」の奏聞は幸いにも霊帝によって、「其の才の高きを嘉《よみ》」される結果となり、翌光和二年（一七九）、大赦によって、「徙されて自《よ》り帰るに及ぶまで凡そ九か月」という比較的短い流刑の生活に別れを告げる。しかしたび重なる中傷・誹謗の再燃を危惧してか、彼は故郷に帰らず「江海に亡命」し、さらに呉郡・会稽から太山方面を転々として、「積むこと十二年」という流寓の日々を送る。この間中平元年（一八四）、黄巾の乱が起こり、とくにその残党や流賊は青州を中心に、現在の山東地方一帯に跳梁跋扈していた。(18) しかしそれが彼の流浪の生活にどのような影を投げかけたか、当時の史料は何も語ることはない。

しかし興味ある逸話は、蔡邕が王充『論衡』を〝発見〟して評価したのが、この「亡命」の時代で

あったということである。『後漢書』巻四九王充伝所引袁山松『後漢書』に、
充の作りし所の論衡は、中土に未だ伝わる者有らず。蔡邕呉に入りて始めて之れを得、恒《つね》に秘かに玩び以て談助と為す。
とあるのがそれである。同右所引『抱朴子』によると、それは「時人は蔡邕の異書を得るを嫌う。或ひと其の帳中の隠処を捜求するに、果たして論衡を得たり」という挿話として伝え残されている。また『後漢書』儒林伝下＝趙曄伝を見ると、
蔡邕は会稽に至り、詩細を読みて歎息して以為えらく、論衡より長ぜり、と。邕は京師に還りて之れを伝え、学者皆焉れを誦習す。
という一文が見出される。「詩細」とは趙曄の作品の名であるが、それを『論衡』と比較していることも、また蔡邕と王充との関係を示す挿話の一つに数えることができる。
注目されるのは、『独断』巻上「幸」の項を見ると、王充の字仲任を用いて、
王仲任曰く、君子は幸い無くして不幸有り、小人は幸い有りて不幸無し、と。
という一節が見出される点である。この一節は『論衡』幸偶篇にある「孔子曰く、君子には不幸有れども幸い有る無く、小人には幸い有れども不幸無し、と」とある一節からの引用である。『独断』の文中には、上古の伝説的な聖天子や後漢までの皇帝や国王の名称などが数多く登場するが、このように同時代の一個人の氏名とその発言が引用されるのは、胡広とこの王充を除いてほかに例がない。この一例を

もってしても、王充に対していだいていた蔡邕の並々ならぬ関心のほどを看て取ることができる。

ただしここで注意しなければならないのは、上掲の袁山松『後漢書』に、「(王)充の作りし所の論衡は、蔡邕呉に入りて始めて之れを得」ると明記されていることである。というのは、蔡邕がいわゆる呉会地方に流寓していたのは、光和・中平（一七八～一八八）年間のことであり、それはすでに『独断』を執筆した以後の時代に相当するからである。とするならば、後漢初期の王充『論衡』がその末期の蔡邕によって〝発見〟されたということは、単なる風説や伝聞にすぎないとは考えがたい以上、やはり『独断』の当該部分は完成後の部分的な加筆と判断しなければならない。そしてこのことは蔡邕の生存中、『独断』が彼自身によって何度か加筆されたことを暗示するかのようである。

## 四

中平六年（一八九）四月丙辰、霊帝が崩御すると、董卓は自ら司空の要職に就いた。これを機会に、蔡邕の晩年に目まぐるしい変化が訪れることになる。『蔡邕伝』はその間の経緯をつぎのように記す。

中平六年、霊帝崩ず。董卓は司空と為り、邕の名高きを聞き、之れを辟す。疾と称して就かず。卓大いに怒り罵りて曰く、我《われ》力能く人を族す。蔡邕遂に偃蹇する者ならば、踵を旋《めぐ》らしめず、と。又州郡に切勅して邕を挙げ、府に詣らしむ。邕已むを得ずして到るや、祭酒に署せられ甚だ敬重せらる。高第に挙げられて侍御史に補せらる。又持書御史に転じ、尚書に遷る。三日の間に三台を周歴して、巴郡太守に遷り、復た留りて侍中と為る。初平元年、左中郎将に拝せられ、献帝の長安に遷都するに従う。高陽郷侯に封ぜらる。

このように董卓によって半ば強制的に出仕させられた結果、高第の科名から侍御史・持書御史・尚書という短時日の出世を遂げる。そしてわずか「三日の間に」、謁書・御史・尚書の「三台を周歴し」[19]たのちに、一たんは地方に転出して巴郡太守に任ぜられる。しかし間もなく再び入朝して侍中に就任し、献帝の初平元年（一九〇）、左中郎将に累進して、高陽郷侯に封ぜられた。蔡中郎将という蔡邕の別名が、この官職に由来することは再述するまでもない。

『後漢書』巻八霊帝紀と同巻七二董卓伝によると、董卓が司空の位に就いたのは、中平六年、厳密には改元した昭寧元年（一八九）八月のことであり、遷都して「車駕の長安に入」ったのは、翌初平元年（一九〇）三月のことであるから、蔡邕はわずか八か月という短期間に、文字どおり一介の故吏の身分から、秩二千石に相当する左中郎将という高官に昇りつめ、郷侯に封じられたことになる。王朝末期の当時にあって、このような急激な栄達は、必ずしも彼にのみ見られる特異な例ではない。[20]しかし『後漢紀』をはじめとして、『三国志』魏志巻八董卓伝注所引張璠『後漢紀』や『北堂書鈔』巻六〇設官部所引謝承『後漢書』などにも、彼が「三日の間に三台を周歴し」て、未曽有の昇進を遂げたことが特筆されているが、間接的ながら、このことはその官歴がやはり異例の出世に属すると見なされていたことを暗示するものであろう。

長安遷都ののち、蔡邕を招致した董卓が彼を厚遇したのも当然のことであろう。『蔡邕伝』を見ると、

> 卓は邕の才学を重んじ、厚く相《あい》遇待す。集讌する毎に、輒ち邕をして琴を鼓し事を賛ぜしむ。邕も亦毎《つね》に匡益を存《たも》つ。

とあり、また右に挙げた張璠『後漢紀』にも、「卓は其の才を重んじ、厚く之れを遇す。朝廷に事有る毎に、常に邕をして草を具せしむ」と記され、その厚遇ぶりを裏付けている。さらに『三国志』魏書巻二一王粲伝を見ると、

> 献帝西遷するや、粲は長安に従る。左中郎将蔡邕は見《まみ》えて之れを奇とす。時に邕は才学顕著にして、朝廷に貴重せらる。常に車騎巷を塡《うず》め、賓客坐に盈《み》つ。

とあり、『世説新語』傷逝篇所引『魏志』もまたこの挿話を伝えている。これら二つの記事によると、当時の蔡邕の周囲には車馬や訪問客が群集し、文字どおり門前市をなす活況を呈していたことがわかる。おそらくこれがその生涯における蔡邕の全盛時代であったといってよいであろう。

しかしこの蔡邕の華やかな時期も長くはつづかなかった。初平三年（一九三）四月、反対勢力の首魁である司徒王允の命を帯びた呂布らによって、董卓が朝議の席上で惨殺されるという事件が出来したからである。董卓によって登用され、礼遇を受けていただけに、蔡邕が微妙な立場に置かれることになったことはいうまでもない。しかしその破局は意外に早く訪れた。『蔡邕伝』は董卓の死後につづけて、

その様相をつぎのように描写する。

卓の誅せらるるに及んで、邕は司徒王允の坐に在り。殊に之れを言うに意あらずして、歎ずること色に動く有り。允は勃然として之れを叱して曰く、董卓は国の大賊なり。幾ど漢室を傾けんとす。君は王臣として宜しく忿《いか》りを同じくすべき所為るも、而るに其の私遇を懐いて以て大節を亡《うし》なう。今天は有罪を誅す。而るに反《かえ》って相傷痛するは、豈《あに》共に逆を為すに不《あら》ずや、と。即ち廷尉に収付して罪を治す。

これとほぼ同文が『後漢紀』巻二七献帝紀初平三年の条や『三国志』董卓伝注所引謝承『後漢書』にも散見するが、蔡邕が董卓の誅殺を知って思わず歎息を漏らしたことが、その身の破滅の原因となった。「国の大賊」である董卓に同情を寄せたという挙措を咎められ、蔡邕は投獄されて罪を問われることになる。死一等を免れるために、彼は「首に黥し足を刖る」実刑を甘受することを請うてまで、延命して「漢史を継成」することを嘆願する。またかつて東観における「漢記」の編集や熹平の石経を分担した旧友の太尉馬日磾も、蔡邕が「曠世の逸才にして、多く漢事を識れり。当に後史を続成せしむれば、一代の大典と為らん」と述べて、彼の助命を進言したが、「昔武帝は司馬遷を殺さざれば、謗書を作りて後世に流さしむ。……。佞臣をして執筆せしむ可からず」という王允の反論によって、彼は「遂に獄中に死す」という最期を遂げることになった。「時に年六十一」。『後漢紀』によると、それは初平三年四月のことであったとされる。

# 五

蔡邕をめぐる悲劇はただこの獄死をもって終わりを告げたわけではない。というのは、当時、河東郡の衛仲道に嫁していた蔡邕の娘琰は、夫の死後「子無くして家に帰寧」していたが、羌胡に拉致されて、南匈奴に没収されるという事件が起こったからである。『後漢書』巻八四列女伝＝陳留董祀妻伝は、その前後の経緯をつぎのように略述する。

興平中、天下喪乱す。文姫は胡騎の獲《とら》うる所と為り、南匈奴の左賢王に没せらる。胡中に在ること十二年。二子を生めり。曹操は素ねて《か》邕と善ければ、其の嗣無きを痛み、乃ち使者を遣わし、金璧を以て之れを贖《あがな》いて、重ねて（董）祀に嫁がしむ。

右の文頭に記される「興平」は、沈欽韓『後漢書疏証』に「此れ当に初平の年の事と為すべし」とする考証にしたがって、「初平」と訂正すべきであろう。とすると、この蔡琰、すなわち蔡文姫の悲劇は、蔡邕が獄死した年時とあい前後することになる。単純にいって、蔡邕の横死が後漢王朝の腐敗に起因する内紛の結果であったとするならば、蔡琰の虜囚は後漢勢力の衰退に由来する軍事力の無力化の所産であった。要するに、これら父娘の生涯は、いみじくも後漢の直面する内憂外患の一端を露呈したものにほかならない。ちなみに『世説新語』軽詆篇注所引『蔡克別伝』と『晋書』巻七五蔡謨伝によると、蔡克は蔡邕の族孫、蔡謨はその族祖孫に当たるが、蔡邕自身の直系の子孫は歴史に残されていない。男女の性別は不明であるが、一体、「胡中」において蔡琰の出産した「二子」は、その後どのような人生を歩んだのであろうか。(21)

このような彼自身と娘文姫の足跡がいみじくも示すように、蔡邕の一生は後漢の崩壊と軌を一にしていた。その六十余年の生涯の中で、彼が実際に見聞したできごとは、梁冀や竇武らの外戚による専横、単超や張忠らの宦官による放埒、それらに反対する党人の運動とそれを弾圧する両次の党錮、烏桓や鮮卑をはじめとする〝蛮夷〟の頻繁な入寇、そして黄巾の乱などの事件であった。またそれらに加えて、長安遷都、何進・袁紹・董卓・曹操らに代表される目まぐるしい〝実力者〟の興亡、彼らをめぐるさまざまの権力闘争や謀略・暗殺、あいつぐ皇帝や皇后の擁立・廃嫡等々、すさまじい政情の起伏や転変であったはずである。そのような物情騒然とした後漢王朝の瓦解を目前にして、なにゆえ蔡邕が『独断』の執筆を志したのか、その意図や目的については知るよしもない。滅び行く王朝の未来を予感して、後世のために古来の儀規・典範の類を残そうとしたなどと想像することは容易である。しかし後漢末期の政情を想像するにつけて、そのような平板陳腐な解釈ではとうてい納得できない何ものかが残る。またそれとともに、興味深いことは、当時何人かの学者が、このようないわゆる儀注類の作成に関与している事実である。すなわち前述の胡広や蔡質をはじめ、鄭玄『三礼注』や応劭『漢官儀』などはその傾向を代弁する作品である。なにゆえ後漢末期にこのような文物・制度に関する解説が頻繁に行なわれるようになったのか、その契機や理由については明らかにしがたい(22)。

『蔡邕伝』はつぎの叙述をもって擱筆する。

其の漢事を撰集するに、未だ録せられて以て後史に継《つ》がず。適々霊紀及び十意を作り、又諸々の列伝四十二篇を補う。李傕の乱に因りて湮没し、多くは存せず。著す所の詩賦、碑誄、銘讃、連珠、箴弔、論議、独断、勧学、釈誨、叙楽、女訓、篆勢、祝文、章表、書記、凡そ百四篇世に伝わる。

これによると、蔡邕の「撰集」した紀志列伝などを含む後漢の歴史的な諸史料は、李傕の乱によってその大半が「湮没」したらしい。『後漢書』巻九献帝紀などによると、李傕の乱は蔡邕の死の二か月後の初平三年（一九二）六月に発生し、建安三年（一九八）四月に鎮定されているから、もしそれが最大の原因であるとするならば、彼の執筆したさまざまの著作は、その死後いくばくもなくして亡逸したことになる。上掲の陳留董祀妻伝を見ると、

（曹）操因りて問いて曰く、夫人の家に先に墳籍多しと聞く。猶能く之を憶識するや不《いな》や、と。文姫曰く、昔亡父は書四千許巻を賜えり。流離塗炭して、存する者有る罔《な》し。今誦憶する所は裁《わず》かに四百余篇のみ、と。操曰く、今当に十吏をして夫人に就きて之れを写さしむべし、と。文姫曰く、妾聞く、男女の別、礼に親授せず、と。紙筆を給されんことを乞う。真草は唯だ命のままならん、と。是こに於いて繕書して之れを送る。文に遺誤無し。

とあって、かつて蔡琰は「亡父」から「四千許巻」の書物をあたえられたが、「流離塗炭」する間に、

「存する者有る罔し」という状態になったことが知られる。そのために曹操の依頼によって「誦憶する所」の「四百余篇」を復元することができたらしいが、それがどのような内容の作品であり、それ以後いかなる経緯をたどったのか、委細は一切不明である。ただ『史通』人物篇に、「董祀の妻蔡氏は胡子を載誕し、辱めを虜廷に受く。文詞に余有るも、節操足らず。此れ則ち言行相乖る者なり」という苛酷な評を聞くのみである。

しかし『蔡邕伝』によると、幸いにも『独断』は、「湮没」を免れて、「著す所の詩賦、……、書記、凡そ百余篇」の中に残り、「世に伝わる」ことを得た。それでは、一体、『独断』はいつどのような契機によって撰述された書であろうか。最後にこの問題について簡単な考証を試みることにしたい。

## 六

あらためていうまでもなく、『独断』上・下二巻は、先秦・秦漢時代の制度・文物・典範・称謂などの意味・区別・来歴などを解説した書物である。しかしそこには伝写の間に生じた脱誤や錯簡が潜在し、また三国呉の「永安七年」（二六四）の四字が見られるように、後世の加筆や竄入と思われる部分も少なくない。一方、『北堂書鈔』『初学記』や『後漢書』李賢注、『文選』李善注など、隋唐の類書や注釈に引用されている『独断』には、現行本と相違・脱落した文章も散見する。したがって『四庫全書総目提要』巻一一八子部雑家類二独断の項に、「決して邕の本文に非ず。蓋し後人亦竄乱する所有るならん」と解題されるように、現存する通行本自体をそのまま蔡邕の自筆になる全文であると認定することはできない。しかしそうした二、三の問題点を考慮に入れつつ、あらためて本文を検討してみると、『独断』の原文の撰述された年代を確定することは、あながち不可能ではない。

まず『独断』巻下「帝嫡妃」の項を見ると、「桓帝崩じ、今上位に就くや、桓思竇后政を摂る」とあり、同じく「漢家不言禘祫」の項を見ると、「桓帝崩ずるに子無し。今上位に就くや、父解犢侯を追尊して孝仁皇と曰う」云々とあって、いずれも当時の皇帝を「今上」と称して、死後の謚号を用いていない。いうまでもなくこの「今上」とは霊帝を指称しているから、少なくとも本書の原文が霊帝時代に撰述されたことは疑いない。

さらに巻下「歴代皇帝」の項を見ると、そこにつぎの一節が見出される。

高帝従《よ》り桓帝に至るまで、三百八十六年。王莽、劉聖公を除けば、三百六十六年。高祖の乙未従り今の壬子の歳に至るまで、四百一十年。呂后、王莽は数に入れず。高帝は甲午の歳を以て位に即き、乙未を以て元と為す。

右の文中に記される年数はすべて誤記または錯簡であり、「高帝従り桓帝に至るまで、三百八十六年」とあるのは約「三百七十三年」に、また「王莽、劉聖公を除けば、三百六十六年」とあるのは約「三百五十五年」に、それぞれ訂正しなければならない。同様に、「高祖の乙未従り今の壬子の歳に至るまで四百一十年」とあるのも、呂后の摂政八年と王莽の在位十六年を「数に入れず」に計算すると、正確には約「三百五十四年」に書き改めるべきである。文中に記載される年数が、なぜこのように錯乱しているのか、その理由は不明である。

しかし右の文がまず「高帝従り桓帝に至るまで」とし、それを受けて、「今の壬子の歳」と記していることから推定すると、本書の原本が霊帝の壬子の年時に完成していることはほぼまちがいない。この壬子という干支の年時は、霊帝の在位中と蔡邕の生存中にただ一度だけ存在するが、ちょうどそれは建寧五年、厳密には同年五月、改元した熹平元年（一七二）に相当する。したがってこの記載によるかぎり、おそらく『独断』はこの年代ごろに完成したものと判断される。(23)

既述のように、建寧三年（一七〇）、蔡邕ははじめて官途に就き、やがて県長をへて、「郎中に拝せられ、「書を東観に校し、議郎に遷る」という官歴を歩みはじめる。この議郎就任の年時は熹平二・三年（一七三・一七四）のこととされるから、(24)おそらく『独断』の完成は彼が議郎に移る直前、すなわち郎中として東観で校書に従事していた時代に当たると考えてよいであろう。

あらためて指摘したいのは、この熹平元年三月に彼の師である胡広が死去していることである。すでに述べたように、生前胡広は自らの所持する漢代の「旧事」を譲りあたえたとされているが、そうした両者の師弟関係に思いをいたすとき、蔡邕が『独断』を上梓したことは、胡広の死と何らかの関係があったように推測される。とするならば、蔡邕『独断』は恩師胡広に捧げる追悼の一書であったと見なすこともできるであろう。

『独断』という一見奇妙な書名の由来は不明である。管見によるかぎり、明の陳懋仁『続文章縁起』断の項に、

漢の議郎蔡邕は独断を作る。断とは義の証なり。其の義を引きて其の事を証するなり。

とあるのが、おそらく『独断』の書名に関する唯一の説明であろう。これによると、義とは語義、証とは証明を意味するようであるが、「独」字の説明不足とともに、その解釈は判然としない[25]。

いうまでもなく、一般に、「独断」という名詞や動詞には善悪両様の意味が内在する。其の後者の用例として、『史記』巻八七李斯列伝に、

明主聖王の能く久しく尊位に処り、長く重勢を執りて、独り天下の利を擅《ほしいまま》にする所以は、異道有るに非ざるなり。能く独断して督責を審《つまびら》かにし、深罰を必す（るにあり）。故に天下敢えて犯さざるなり。……。是こを以て明君は独断す。故に権は臣に在らざるなり。

とあって、ここに二つの「独断」の用例が見られる。また時代は少し下るが、『潜夫論』明闇篇に趙高が二世皇帝に要請したことばとして、「屢々群臣の政事を衆議するを見るは、則ち黷《けが》る。黷れ且つ短を示すより、己を蔵して独断するに若かず」という一文がある。ともに李斯と趙高の発言という一事をもって推測されるように、ここにいう「独断」とは「独断専行」や「独断偏見」のような、文字どおり法家者流の含意が付随する。

しかし一方、それとは逆に〝悪意〟のない「独断」の用例も少なくない。たとえば『淮南子』主術訓に、仁者と智者を称揚したのちに、「唯だ惻隠もて推して之れを行なう。此れ智者の独断する所なり」とあるのがその好例である。また『説苑』君道篇には、

武王太公に問いて曰く、賢を得て士を敬うも、以て治を為す能わざる者或るは何ぞや、と。太公対えて曰く、独断する能わず、人の言を以て断ずる者は殃《わざわい》なり、と。

という一節がある。さらに『後漢書』巻一六鄧禹伝には、「独剋」や「聴断」などの用語が散見し、その孫の鄧騭伝を見ると、

陛下は天然の姿を躬《みずか》らにし、仁聖の徳を体せらる。国の不造に遭いて、仍《しきり》に大憂に離《あ》うも、日月の明を開き、独断の慮を運《めぐ》らし、皇統を援立して、大宗を奉承せらる。

という一節があるが、これは安帝に奉った上疏の一部であるから、当然、そこには〝悪意〟ある含意が付帯するわけはない。また同巻七〇鄭太伝と『三国志』魏書巻一六鄭渾伝注所引張璠『後漢紀』を見ると、彼が大将軍何進に宛てた文言の中に、つぎのようなほぼ同文の記事がある。

董卓は彊忍にして義寡《すく》なく、志厭う無きを欲す。若し之れに朝政を借し、授くるに大事を以てすれば、将に凶慾を恣にして、必ず朝廷を危うくせん。明公は親徳の重を以て、阿衡の権に拠り、意を独断に乗りて、有罪を誅除せり。誠に宜しく卓に仮りて、以て資援と為すべからざるなり。

ここにいう「阿衡」とは、殷の湯王の名臣として知られる伊尹を指し、のちに宰相一般を称すること

になった普通名詞であるから、そこにいう「独断」もまた〝美言〟であることはいうまでもない。

『三国志』を一瞥すると、魏書巻一四蔣済伝に、「太傅（司馬懿）は独断の策を奮い、陛下は其の忠節を明らかにす」という上疏があり、また同巻二一劉廙伝を見ると、

太祖長安に在りしとき、親ら蜀を征せんと欲す。廙上疏して曰く、聖人は智を以て俗を軽んぜず、王者は人を以て言を廃《す》てず。故に能く功を千載に成す者は、必ず近きを以て遠きを察し、智もて独断を周《めぐら》す者は、下問するを恥じず、と。

という一節が徴される。さらに同呉書巻二呉主（孫権）伝の太元二年（二五二）の条注所引『傅子』に、「孫権は人と為り明果にして独断、勇は天下を蓋《おお》う」とあり、また同巻九周瑜等伝末尾の評に、「周瑜、魯粛は独断の明を建て、衆人の表に出づ。実に奇才なり」と述べられるのも、悪しき印象をもたない「独断」の用例として挙げることができる。

以上のように「独断」の用例を検討してくると、それは主として帝王や高官に対する発言の中で用いられていることに気付く。『説苑』権謀篇に、「伝に曰く、衆人の智は以て天を測る可し。兼聴独断するは惟だ一人に在り、と」という一節があるが、ここにいう「一人」とは皇帝を指称する用語であることはいうまでもない。とするならば「兼聴独断」とは「ひろく衆人の意見を聴いて、自ら判断する」という意味であることはまちがいない。要するに、『独断』という書名も、基本的には右と同じ用法上の意味をもつものであろう。

既述のように、蔡邕は先師胡広の「有する所の旧事」を授けられ、「漢制度」をはじめとして、有形無形にそれらを祖本として活用した。おそらく蔡邕は『独断』を執筆するに当たって、その書は胡広の作品を底本としながら、その全体の内容はあくまでも独自の判断によって叙述し、その責任はすべて自分自身にあることを明記する必要があったのではなかろうか。[26] このような解釈は単純にすぎることを自認しなければならないが、ここでは『独断』という史料は以上のような意味を込めて命名された一書であると考えておくことにしたい。

## あとがき

『蔡邕伝』を見ると、蔡邕が投獄されたとき、前記の馬日磾は王允に対して、

伯喈は曠世の逸才にして、多く漢事を識れり。当に後史を続成せしむれば、一代の大典と為らん。且つ忠孝は素《か》ねて著《あらわ》れ、坐する所名無し。之れを誅すれば、乃ち人望を失なうこと無からんや。

と忠告したとされる。また同時代の儒者鄭玄はその死を聞いて、「漢世の事、誰か与《とも》に之れを正さんや」と慨嘆したと伝えられる。右のような寸評から類推しただけでも、いわば漢代の有職故実に通暁した学者として、当時、蔡邕がいかに高く評価され、名声を得ていたかという様子を垣間見ることができる。その蔡邕を撰者としているところに、『独断』の内容や価値があらためて意義をもつことになる。と同

時に、そのような彼の学問や著述を顧慮するにつけて、現行の『独断』自体に対してさまざまの問題が派生するのもまた事実である。蔡邕の獄死から約二十八年後、献帝は「皇帝位を遜り、魏王（曹）丕天子と称」して、ここに後漢は滅亡した。建安二十五年（二二〇）十月のことである。

**注**

（1）その文集として『蔡中郎集』がある。本書は『隋書』巻三五経籍志経籍四集部に「後漢左中郎将蔡邕集十二巻」として著録されるが、のちに散逸し、明の嘉靖年間（一五二二～一五六六）に一種の輯本として刊行された。

（2）蔡邕をめぐる論考については、中林史朗・渡邉義浩『三国志研究要覧』第二部Ⅲ文学3⑷蔡邕・蔡琰（新人物往来社、一九九六年）を参照。なおそこに採録されていない論文として、㈠、沙孟海「芸術家的蔡邕附蔡邕著作略考」（『中山大学語史週刊』一〇―一二、一九三〇年）、㈡、郭沫若『蔡文姫』（文物出版社、一九五九年）、㈢、明陽「蔡文姫和她的悲憤詩」（『文芸世紀』一九五九―七）、㈣、芝田稔「胡笳十八拍ノート」（『関西大学文学論集』一〇―九、一九六一年）、㈤、狩野直喜「張衡・蔡邕・蔡文姫」（同氏『両漢学術考』両漢文学考三十三所収、筑摩書房、一九六六年）、㈥、李曰剛「蔡琰悲憤詩之考実弁惑与評価」（『師範大学学報』一二、一九六七年）、㈦、鈴木修次「建安詩人の周辺にある詩人（イ）蔡邕」（同氏『漢魏詩の研究』第一項第三章三所収、大修館書店、一九六七年）、㈧、王止峻「蔡中郎与趙五娘」（『中外雑誌』一七、一九七〇年）、㈨、何洛「蔡文姫・胡笳十八拍・図巻」（『明報』一〇―六、一九七五年）、㈩、中西慶爾「蔡邕」（1）・（2）・（3）（『書品』二五二・二五三・二五四、一九七七年）、㈡、呂仏庭「蔡邕与漢熹平石経」（『国立歴史博物館館刊』一二、一九八一年）、㈢、程有為「論蔡邕的是非功過」（『史学月刊』一九八六―二）、

㈢、呉樹平「蔡邕撰修的《東観漢記》十志」（同氏『秦漢文献研究』所収、斉魯書社、一九八八年）、㈣、劉蘋華「蔡琰『悲憤詩』的悲劇意識」（『中原文献』二二―三、一九九〇年）、㈤、李鎏「蔡琰悲憤詩釈疑」（同上）、㈥、後藤秋正「蔡邕『童幼胡根の碑銘』と哀辞――禁碑のもたらしたもの――」（『中国文化――研究と教育――』、『漢文学会会報』五二、一九九四年）などがあり、近作として、大野修作「蔡邕と南朝・唐の書論家」（興膳教授退官記念『中国文学論集』所載、汲古書院、二〇〇〇年）などがある。

（3）本書の現代語訳として、福井重雅編『訳注　西京雑記・独断』（東方書店、二〇〇〇年）がある。その版本については、小林春樹「蔡邕『独断』小考――とくにその版本について――」（『史滴』五、一九八四年）を参照。

（4）『蔡邕伝』に記載される蔡邕の没年と本伝中の上表文の中で彼自らが述べる年齢とを比較すると、その年数に一年の齟齬があるとされる。『後漢書集解校補』巻六〇下、丹羽兌子「蔡邕伝おぼえがき」（『名古屋大学文学部研究論集』（史学）一九、一九七二年）、陳祚竜「関於後漢蔡邕生平的一些小問題」（『文芸復興』四〇、一九七三年）などを参照。なお『蔡中郎集』巻末の年表によると、蔡邕の生年は陽嘉二年（一三三）とされる。

（5）矢野主税『魏晋百官世系表』（改訂版）（長崎大学史学会、一九六〇～七一年）によると、蔡邕の世系は左表のように復元される。

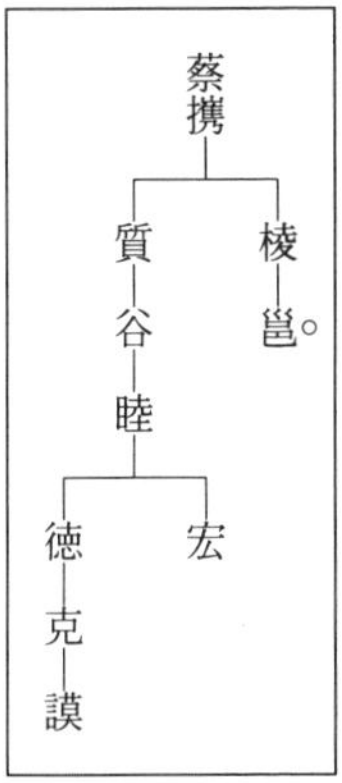

（6）注（2）所引の各論考、とくに日本人による研究として、(七)の鈴木氏論考とともに、丹羽兌子「文人の原形——蔡邕——」（『書論』二、一九七三年）、岡村繁「蔡邕をめぐる後漢末期の文学の趨勢」（『日本中国学会報』二八、一九七六年）などを参照。

（7）ここにいう「漢制度」は「漢代の制度」という普通名詞と解釈する余地もないわけではない。しかし王謨『漢魏遺書鈔』は「漢礼器制度」の付編として、「胡広漢制度」の項目を設け、その逸文六条を収集している。また劉汝霖『漢晋学術編年』下巻五熹平元年壬子（中文出版社、一九七九年）の条を見ると、この謝承『後漢書』の記載にもとづいて、「漢制度」を胡広の著作としている。

（8）これら二書の対比については、大庭脩「漢代詔書の形態」（同氏『秦漢法制史の研究』第三篇第一章所収、創文社、一九八二年）を参照。なお氏は「こうして比較してみると、両書の記載はよく似ており、独断の方が詳しいが、章懐太子注は必ずしも漢制度の全文を引用したとは限らぬから、両書の原型においてはどれほどの違いもなかったかも知れない」（二〇三頁）と述べている。しかし李賢注所引の「漢制度」の記事はいずれも『独断』のそれよりも簡約で、その逆のばあいが皆無である点を顧慮するとき、李賢注が「『漢制度』の全文を引用した」可能性も否定できない。

（9）この一文は『後漢書』第四和帝紀永元三年正月条注所引『漢官儀』と同巻一六鄧禹伝注所引『漢雑事』の文章とほぼ同一である。したがって『独断』とこれら二書との史料的な関連をも再検討しなければならないが、その他の事例を含めて、ここではただ問題点を指摘するにとどめる。

（10）東観とその修史事業については、小林春樹「後漢時代の東観について——『後漢書』研究序説——」（『史観』一一一、一九八四年）、同氏「中国古代における『合理的』史学の成立——『漢書』から『東観漢記』『続漢書』へ——」（無窮会『東洋文化』復刊七四、一九九五年）などを参照。

（11）『東観漢記』については、注（2）所引呉氏著書に、「《東観漢記》的撰修経過及作者事略」以下、十一篇にのぼる論文が収録されている。

（12）『後漢書』の誕生にいたる過程などの研究として、近年、小嶋茂徳「范曄『後漢書』の史料的特質に関する考察――従来の諸説の検討を中心に――」（『史料批判研究』一、一九九八年）が発表された。また安部聡一郎氏に、㈠、「後漢時代関係史料の再検討――先行研究の検討を中心に――」（『史料批判研究』四、二〇〇〇年）、㈡、「袁宏『後漢紀』・范曄『後漢書』史料の成立過程について――劉平・趙孝の記事を中心に――」（同上五、二〇〇〇年）の論文があり、ともに各種『後漢書』類と修史事業を研究するさいの必読の論文である。

（13）宋代の史料『余襄公奏議』巻上上校正後漢書奏や『玉海』巻四六芸文部古史漢東観記・続漢書・漢後書・後漢書にこれと類似した文章が見出される。おそらくこの『史通』の文章を底本とした記述であろう。

（14）この図表の作成に当たっては、鄭鶴声「各家後漢書綜述」（『史学与地学』一、一九二六年）、余嘉錫『四庫提要弁証』巻五別史類東観漢記、廖吉郎「後漢史之淵叢」（同氏『漢代撰注史籍考』第三章第三節所収、広東出版社、一九八〇年）などを参考にした。

（15）『十駕斎養新録』巻六三史を参照。

（16）斎藤実郎「東観漢記・七家後漢書・後漢書の史料問題」（早稲田大学文学部東洋史研究室編『中国正史の基礎的研究』所載、早稲田大学出版部、一九八四年）を参照。同氏は「東観漢記――必ずしも現行のということではなく――は、実録もしくはそれに近い史書だと漠然と信じてきたが、東観漢記も後漢書の一つと考えた方が良いのではないか、と今思っている」（八三頁）と結文する。このような指摘があることもけっして無視することはできない。

（17）『続漢書』八志については、マンスヴェルト＝ベックの専著 B. J. Mansvelt Beck, *The Treatises of Later Han*,（*Sinica Leidersia* 21, E. J. Brill, 1990）がある。また小林岳氏には、㈠、「劉昭と『集注後漢』」（『史

滴』一三、一九九二年）、㈡、「劉昭の『後漢書注補志序』訳注」（早稲田大学高等学院『研究年誌』三七、一九九三年）、㈢、「劉昭の『後漢書』補志について——『後漢書』補成考——」（同『研究年誌』三八、一九九四年）、㈣、「劉昭の『後漢書』注について——『集注後漢』の内容をめぐって——」（『史学雑誌』一〇六—七、一九九七年）の一連の研究がある。この付節はこれらの研究からいくつかの貴重な示唆を得た。

(18) 福井重雅「黄巾の乱と伝統の問題」（『東洋史研究』三四—一、一九七五年）を参照。

(19) この「三台」については、馮承基「後漢書蔡邕伝之『三台』」（『大陸雑誌』三一—一、一九六五年）を参照。

(20) その好例は『後漢書』巻六二荀爽伝に見える荀爽の例である。董卓によって抜擢されるや、彼は「徴命を被りて自り、台司に登るに及ぶまで、九十五日」の間に司空に超遷している。注（4）所引丹羽氏論文を参照。

(21) ちなみに『晋書』巻三一后妃伝上＝景献羊皇后伝を見ると、

景献羊皇后、諱は徽瑜、泰山南城の人なり。父衜は上党太守、后の姉は陳留の蔡氏、漢の左中郎将邕の女なり。

とされているから、蔡邕には琰以外に別に娘一人がいたらしい。詳細は不明。

(22) 重沢俊郎「六朝目録を通して見た六朝の歴史意識」（『東洋史研究』一八—一、一九五九年）は、つぎのようにいう。「後漢の後半から三国両晋の動乱を経て、社会の新たな安定勢力が漸次成立しつつあったことは事実であるが、彼等は其の成長するに従って或る教養に基づく特別の規範を自らの生活秩序の中に要求し、且つ之を以て自己を他の階層から区別する一箇の優越的条件と為すに至ったと解される。……。儀注類が歴史記録の一種として成立するのは、かかる社会的心理的条件を前提としていた」。

(23) マイケル＝ローウェイ『独断』解題 Micheael Loewe, *Tu tuan* (Michael Loewe ed., *Early Chinese*

*Texts: A Bibliographical Guide*, Early China Special Monograph, Series 2, 1993）は、『四庫全書総目提要』や盧文弨の校訂本などに依拠し、簡にして要を得た優れた小品である。それによると、「おそらく本書の原文は霊帝崩御の一八九年以前に完成されたものと推定される」（四六八頁）とされる。

（24）注（4）所引丹羽氏論文を参照。

（25）長澤規矩也解題『独断』（『和刻本漢籍随筆集』第十集所収、汲古書院、一九七二年）は、『独断』とは「自己の考へで断言することに書名を採ったものであらう」（扉頁）と説く。注（17）所引ベック氏著書によると『独断』は〝Solitary Decisions〟（直訳すると、〝独自の判断〟）と英訳される。なお唐の張懐瓘『書断』四巻の書名の意味もまた明らかではない。

（26）宋の王観国『学林』巻四断の項を見ると、「断」字には「截、決、絶」の三義があるとされるが、それぞれ「截断・決断・断絶」の意味に解釈できる。しかしこれ以外に、この文字にはほかの字義はない。なお『四庫全書総目提要』独断の項を見ると、

> 漢の蔡邕の撰。王応麟の玉海に、是の書に間々顚錯有りと謂う。嘉祐中、余択中更めて次序を為り、釈するに己《おのれ》の説を以てす。故に別本は新定独断と題す。択中の本は今伝わらず。

という文章がある。これによると、北宋の仁宗の嘉祐年間（一〇五六〜六三）に、余択中が「己の説」をもって『独断』を解釈し、それを『新定独断』と命名したとされている。そもそもこのことは『独断』という書名自体が「己の説」による解釈という意味を内包しているために、それに対応することを示唆して、その「別本」を『新定独断』と命名したのではなかろうか。ただしそれは一個の「独断」にすぎない。

**〈付記〉** この論文の浄書にさいして、早稲田大学第一文学部東洋史学専修四年学生天野紗也香・大島隆彦・金子優・小池悠子・斎藤泰雅（二〇〇一年三月卒業）の五君の労を煩わした。

# 付録　南北朝成立三注所引各種『後漢書』類索引・補考

## まえがき

中国史上の混乱期の一つに数えられる南北朝時代（三八六～五八九）に、期せずして三種類の注釈書が板刻された。宋の裴松之（三七二～四五一）『三国志注』、梁の劉孝標（四六二～五二一）『世説新語注』、北魏の酈道元（?～五二七）『水経注』がそれである。『隋書』巻三三・三四経籍志二・三によると、『三国志注』はその史部正史に、『世説新語注』はその子部小説に、『水経注』はその史部地理に、それぞれ分類して収録されている。その史料的価値からいって、けだし南北朝時代を代表する三注とよんでよいであろう。

このうち裴松之の注は、『宋書』巻六四裴松之伝および『南史』巻三三同伝では、その撰述年代は記載されていないが、現行の『三国志』の巻頭に付刻される彼自身の「上三国志注表」によると、「元嘉六年七月二十四日　中書侍郎西郷侯臣裴松之上」と明記されているから、それが宋の文帝の元嘉六年（四二九）に上呈されたことは疑いない。また劉孝標の注は、『梁書』巻五〇文学伝下劉峻伝および『南史』巻四九劉懐珍伝から推測して、ほぼ斉の武帝の永明年間（四八三～四九三）から梁の武帝の天監年間

（五〇二～五一九）までの間に完成したものと考えられる。さらに酈道元の注は、『魏書』巻八九酷吏伝＝酈道元伝および『北史』巻二七同伝から推定して、およそ北魏の宣武帝の延昌三年（五一四）から孝明帝の正光五年（五二四）にいたる年時に成立したものと思われる。すなわち『三国志』の注は五世紀前半、『世説新語』の注は五世紀末～六世紀初、『水経』の注は六世紀前半に、それぞれ作成されたと見なすことができる。

これら三種類の注釈書があいついで刊行されたころ、それらとほぼ前後して、現存の范曄をはじめとするいくつかの『後漢書』類も併行して上梓された。しかし本書の付節一・二で言及したように、後漢一代の沿革を綜述した史書の編纂は、すでに後漢の建国後間もない明帝の永平年間（五八～七五）初期の昔にまで遡る。すなわち『史通』史官建置篇に、

漢氏中興するや、明帝は班固を以て蘭台令史と為し、詔して光武本紀及び諸々の列伝、載記を撰せしむ。又揚子山は郡の上計吏と為るや、作りし所の哀牢伝を献ず。帝の異とする所と為り、徴されて蘭台に詣《いた》る。斯れ則ち蘭台の職は、蓋し当時の著述の所なり。章和自り以後、図籍は東観に盛んなり。凡そ漢記を撰する者は、相継いで其の中に在りて、都《すべ》て著作と為す。竟《つい》に它の称無し。

と記されるように、このときはじめて修撰されたのが「光武本紀」をはじめとする紀伝や載記であり、それらは「章（帝）、和（帝）自り以後」の安帝の永初年間（一〇七～一一三）に、劉珍らによって『漢記』として続成された。逸文として残存する『東観漢記』の祖本の一つに数えられる史料がそれである。

〈表Ⅰ〉『後漢書』類の修撰

| | 書名 | 巻数 | 時代 | 撰者 | 撰者の年代 | 存亡 | 輯本の有無 |
|---|---|---|---|---|---|---|---|
| Ⅰ | **東観漢記** | 143<br>127 | 後漢 | 劉　珍<br>ほか | 在官 107 ごろ～<br>126 ごろ | 亡 | 武英殿聚珍版<br>湖北先正遺書 |
| Ⅱ | **後漢書** | 130<br>133 | 呉 | 謝　承 | 在官 222 ごろ～<br>252 ごろ | 亡 | 七家後漢書 |
| Ⅲ | **後漢記** | 100<br>(65)<br>100 | 呉～<br>西晋 | 薛　瑩 | (？～ 282) | 亡 | 〃 |
| Ⅳ | **後漢書** | 97<br>(17)<br>31 | 西晋 | 華　嶠 | (？～ 293) | 亡 | 〃 |
| Ⅴ | **後漢紀** | 30<br>30 | 西晋 | 張　璠 | 未　　詳<br>(袁宏より以前) | 亡 | 〃 |
| Ⅵ | **後漢南記** | 55<br>(45)<br>58 | 西晋 | 張　瑩 | 不　　詳 | 亡 | 無 |
| Ⅶ | **続漢書** | 83<br>83 | 西晋 | 司馬彪 | (？～ 306 ごろ) | 志部<br>存 | 七家後漢書 |
| Ⅷ | **後漢書** | 122<br>(85)<br>102 | 東晋 | 謝　沈 | 在官 342 ごろ～<br>344 ごろ | 亡 | 〃 |
| Ⅸ | **後漢紀** | 30<br>30 | 東晋 | 袁　宏 | (328 ～ 376) | 存 | |
| Ⅹ | **後漢書** | 100<br>(95)<br>102 | 東晋 | 袁山松 | (？～ 401) | 亡 | 七家後漢書 |
| Ⅺ | **後漢書** | 97<br>92 | 宋 | 范　曄 | (398 ～ 445) | 存 | |
| Ⅻ | **後漢書** | ―<br>58 | 宋 | 劉義慶 | (402 ～ 444) | 亡 | 無 |
| XIII | **後漢書** | 100<br>― | 梁 | 蕭子顕 | (489 ～ 537) | 亡 | 無 |

『隋書』巻三三経籍志二、『旧唐書』巻四六経籍志上、『新唐書』巻五七芸文志一のそれぞれ史部の条を見ると、後漢の歴史書として、この『東観漢記』をはじめとして、約十三種にのぼる史料が著録されている。それらをほぼ成立の年代順に整理すると、およそ前頁のように図表化することができる。（巻数の数字の上は『隋書』経籍志記載のそれ、下は『旧唐書』経籍志記載のそれを示す。（　）内は隋代に残存していた巻数）

これら十三種の後漢の歴史書の中で、完本として現存するそれは、いうまでもなく編年体の袁宏『後漢紀』と紀伝体の范曄『後漢書』の二書のみであるが、清末の汪文台は主として類書や補注に引用されている七種の『後漢書』類の逸文を収集して、『七家後漢書』を作成したことはよく知られている。のちに周天游校点本（河北人民出版社、一九八七年）として再刊されている。吉書時「七家《後漢書》佚文可補范書之欠」（『史学史研究』一九八九—三）などが指摘するように、この輯本は研究に裨益するところ多大ではあるが、一方では遺漏や失検に派生するらしい不備も散見され、なお十分な逸文の渉猟を必要としている。また鈴木啓造「諸家後漢書列伝輯稿」（早稲田大学教育学部『学術研究』一九～三一、一九七〇～八二年）は、この『七家後漢書』を補訂する意味も含めて、『北堂書鈔』ほか七種の類書を中心に、多くの『後漢書』類の逸文を採録した労作であるが、現在未完のままである。しかもその検索の対象は、書名の示すように、もっぱら列伝の遺文にのみ限定され、しかもその出典は基本的に右の類書などに依拠しているために、ここに取り上げる三種類の補注は、最初から検討の対象外に置かれている。またこの七家に張瑩『後漢南記』を加えて、周天游『八家後漢書輯注』（上海古籍出版社、一九八六年）が上梓されているが、それは右記の鈴木氏の「輯稿」を含めて、九種の諸家の輯本を採録している。今日、もっとも整備された諸家『後漢書』の集注といってよい。

いうまでもなく、『三国志』には、『三国志及裴注綜合引得』（哈仏燕京学社引得33、一九三三年）、王祖彝『三国志人名録付三国志裴注引用書目索引』（上海商務印書館、一九五六年）、『三国志索引』（台湾大通書局、一九七七年）の三種類の索引が存在する。しかし前二者では、たとえば謝承『後漢書』の一史のみを取り上げただけでも、その逸文は謝承と『後漢書』の別項目によって収録されるなど、立項や書目に相互の異同があり、また後者では、その学芸部典籍の項に、『漢書』と『三国志』の篇目は立てられながら、『後漢書』のそれは完全に欠落しているから、引書目録としての機能を全く果たしていない。

一方、『世説新語』には、『世説新語引得付劉注引書引得』（同上引得12、一九三三年）、高橋清『世説新語索引』（油印本、広島大学文学部中国文学研究室、一九五九年）、目加田誠『世説新語』上・中・下（新釈漢文大系76、明治書院、一九七五～七八年）巻末書名索引の三種類の索引があり、いずれも書目の通検に便利である。

他方、これら二注に対して、『水経注』には『水経注引得』（同上引得17、一九三四年）の一書が存在するのみであり、『後漢書』類の逸文の収録についてはかなり正確であるが、立項や書目に多少の問題が散見し、なお完璧とはいいがたい状態にある。趙永復編『水経注通検今釈』（復旦大学出版社、一九八五年）は、ただ水名だけの索引であるから、書名の検索には役立たない。

前述のように、南北朝時代にこれら三種類の注釈書が前後して上梓されたころ、十数種におよぶ各種の『後漢書』類は、なおほとんど散逸することなく存在していた。とするならば、これらの各注の中に、どのような種類の『後漢書』が、いかなる頻度をもって引用されているかということを明らかにすることは、少なくとも隋唐時代以前における『後漢書』類の様相などを知る上で、一つの参考になるのではなかろうか。ここに付録として、『後漢書』類の逸文をあらためて独自に収集し、その索引の集成と補考を試みるゆえんである。個人の作業に由来する不備や失検なども少なくないであろうが、いずれ他日の再調査を期することにしたい。

## 凡　例

一　『三国志注』『世説新語注』『水経注』の三書は、いずれも台湾中華書局印行の四部備要本を版本とした。

一　通検や引用の便宜を考慮して、『三国志注』は『二十五史7三国志集解』（芸文印書館）、『世説新語注』は前記の目加田訳『世説新語』、『水経注』は『国学基本叢書　水経注』（商務印書館）をも底本とし、それらを同時に併記した。

一　『後漢書』類は年代順に列記し、ローマ数字Ⅰ～Ⅺは、それぞれ上掲の〈表Ⅰ〉のそれに準ずる。

『三国志注』のばあい、上段に「魏1（4A）」とあるのは、四部備要本の魏書巻一・四葉表、下段に「（29上）」とあるのは、芸文印書館本の二九頁上段を指す。また『世説新語』のばあい、上段に「上上（23B）」とあるのは、巻上之上・二三葉裏、下段に「言（126）」とあるのは、言語篇一二六頁を指す。『水経注』のばあいも、右の体例に同じ。なお三注の各表の書名欄に『謝承記』などとあるのは、当該書名の略称・別称などを示す。（以下〈表Ⅱ〉はⅠ～Ⅺの番号にそって、上段から下段の順に読む）。

**〈表Ⅱ〉三注所引の『後漢書』類**

**『三国志注』**

**Ⅰ　劉珍等『東観漢記』**

| | | |
|---|---|---|
| ナシ | | |

**Ⅱ　謝承『後漢書』**

| 書名 | 上段 | 下段 |
|---|---|---|
| | 魏1（4A） | （29上） |
| | 魏6（4A） | （210下） |
| 『謝承記』 | 魏6（4A） | （211上） |
| 『漢書』 | 魏6（6B） | （215上） |
| 『漢書』 | 魏6（15A） | （227上） |
| | 魏6（27B） | （245上） |
| 〃 | 魏7（9A） | （260下） |
| 〃 | 魏8（8A） | （275下） |
| 〃 | 魏13（1B） | （389上） |

| | | |
|---|---|---|
| 『漢書』 | 魏24（5A） | （601下） |
| | 呉5（2A） | （995上） |
| | 呉9（1A） | （1039上） |
| 『漢書』 | 呉10（6B） | （1059下） |
| | 呉12（8A） | （1088上） |
| | 呉12（13A） | （1193上） |
| （引用数） | | 15 |

## Ⅲ　薛瑩『後漢記』

ナシ

## Ⅳ　華嶠『後漢書』

| | | |
|---|---|---|
| 『漢書』 | 魏6（4B） | （211下） |
| 華嶠曰 | 魏6（8A） | （217上） |
| 『漢書』 | 魏6（9B） | （219下） |
| 〃 | 魏6（12A） | （223上） |
| 〃 | 魏12（9A） | （379上） |

| | | |
|---|---|---|
| 「華嶠譜叙」 | 魏13（8B） | （396上） |
| 〃 | 魏13（9A） | （396下） |
| 〃 | 魏13（10A） | （397下） |
| 〃 | 魏13（10A） | （398下） |
| 〃 | 魏13（11B） | （399下） |
| 『漢書』 | 魏21（4A） | （535下） |
| | 蜀12（5B） | （863上） |
| （引用数） | | 12 |

## Ⅴ　張璠『後漢紀』

| | | |
|---|---|---|
| 『漢紀』 | 魏1（2A） | （24上） |
| 〃 | 魏1（4A） | （29上） |
| 〃 | 魏1（9A） | （37上） |
| 『漢記』（？） | 魏3（5B） | （131下） |
| 璠撰『後漢紀』 | 魏4（13A） | （171下）続漢書 |
| 『漢紀』（？） | 魏6（2A） | （207下） |
| 『漢紀』 | 魏6（2A） | （208上） |

| | | |
|---|---|---|
| 『漢記』 | 魏6(5B) | (213上) |
| 〃 | 魏6(7A) | (215下) |
| 〃 | 魏6(7B) | (217上) |
| 〃 | 魏6(20A) | (235上) |
| 〃 | 魏6(27B) | (244下) |
| 『漢記』 | 魏8(17A) | (285下) |
| 『漢紀』 | 魏10(1A) | (323下) |
| 『漢記』(?) | 魏10(1B) | (324上) |
| 『漢紀』 | 魏10(8A) | (331下) |
| 〃 | 魏10(11A) | (335下) |
| 〃 | 魏10(11B) | (336下) |
| 〃 | 魏12(4B) | (374上) |
| 〃 | 魏16(15B) | (468下) |
| 〃 | 魏21(1A) | (531上) |
| 張璠曰 | 蜀1(5A) | (748上) |
| 張璠以為 | 蜀12(18B) | (875下) |
| 『漢紀』 | 呉9(1A) | (1039上) |

| (引用数) | |
|---|---|
| Ⅵ 張瑩『後漢南記』 | ナシ |

(引用数) 24

**Ⅶ 司馬彪『続漢書』**

| | | |
|---|---|---|
| | 魏1(1A) | (21下) |
| | 魏1(1B) | (23上) |
| | 魏1(2A) | (24上) |
| 郡国志 | 魏1(18B) | (50下) |
| | 魏1(25B) | (64下) |
| 司馬彪序伝 | 魏1(33A) | (77下) |
| | 魏2(15A) | (109上) |
| 『漢紀』(?) | 魏6(2A) | (207下) |
| | 魏6(4B) | (212上) |
| | 魏6(6A) | (214上) |
| | 魏6(12B) | (224上) |

| | | |
|---|---|---|
| 司馬彪序伝 | 魏10（1A） | （323下） |
| | 魏12（3B） | （372下） |
| | 魏12（4B） | （375上） |
| | 魏15（3A） | （440上） |
| | 魏16（15B） | （468下） |
| | 魏21（4A） | （536上） |
| | 魏22（16A） | （576下） |
| | 蜀1（1B） | （742下） |
| | 蜀12（2A） | （859下） |
| | 蜀12（4B） | （862上） |
| | 蜀15（2B） | （895上） |
| | 呉1（2A） | （908下） |
| | 呉4（1A） | （985上） |
| | 呉4（1B） | （985下） |
| | 呉15（13A） | （1129下） |
| （引用数） | | 26 |

## Ⅷ 謝沈『後漢書』

ナシ

## Ⅸ 袁宏『後漢紀』

| | | |
|---|---|---|
| 『漢紀』 | 魏2（1A） | （86下） |
| 〃 | 魏2（4A） | （92上） |
| 『漢紀』（?） | 魏3（5B） | （131下）続漢書 |
| | 魏6（2A） | （207下） |
| 『漢紀』（?） | 魏10（1B） | （324上） |
| 『漢紀』 | 魏11（1A） | （345上） |
| 〃 | 魏11（3B） | （347下） |
| 袁宏曰 | 魏13（6A） | （393上） |
| 『漢紀』 | 呉4（2A） | （986下） |
| （引用数） | | 9 |

# 『世説新語注』

## I　劉珍等『東観漢記』

| | | |
|---|---|---|
| | 上上（23B） | 言（126） |
| （引用数） | | 1 |

## II　謝承『後漢書』

| | | |
|---|---|---|
| | 上上（1A） | 徳（16） |
| （引用数） | | 1 |

## III　薛瑩『後漢記』

| | | |
|---|---|---|
| 『後漢書』 | 上上（2A） | 徳（20） |
| 『漢　書』 | 中下（15B） | 品（628） |
| （引用数） | | 2 |

## IV　華嶠『後漢書』

| | | |
|---|---|---|
| 『華嶠譜叙』 | 上上（4A） | 徳（29） |
| 『華嶠譜叙』 | 中上（1B） | 方（352） |
| （引用数） | | 2 |

## V　張璠『後漢記』

| | | |
|---|---|---|
| 『漢　紀』 | 上上（2B） | 徳（22） |
| 〃 | 上上（15A） | 言（86） |
| 〃 | 中上（35B） | 賞（518） |
| 〃 | 中下（15B） | 品（627） |
| （引用数） | | 4 |

## VI　張瑩『後漢南記』

| | | |
|---|---|---|
| 『漢南紀』 | 上上（15A） | 言（86） |
| 〃 | 上下（7B） | 文（240） |
| （引用数） | | 2 |

Ⅶ　司馬彪『続漢書』

| | | | |
|---|---|---|---|
| | 上上（1B） | 徳（18） | 6 |
| | 上上（14A） | 言（79） | |
| | 上上（19A） | 言（103） | |
| | 上下（29A） | 文（341） | |
| | 中上（27B） | 識（478） | |
| | 中下（15B） | 品（627） | |
| （引用数） | | | |

# 『水経注』

Ⅰ　劉珍等『東観漢記』

| | | |
|---|---|---|
| 『東観記』 | 3（14B） | 1（49） |
| | 7（15A） | 2（34） |
| | 8（23A） | 2（54） |
| | 8（23B） | 2（55） |

Ⅷ　謝沈『後漢書』

| | | | |
|---|---|---|---|
| 『漢書』 | 中下（15B） | 品（627） | 2 |
| 『謝沈書』 | 中下（16A） | 品（628） | |
| （引用数） | | | |

Ⅸ　袁宏『後漢紀』

| | | | |
|---|---|---|---|
| 『漢紀』 | 上上（1A） | 徳（16） | 2 |
| 〃 | 上下（1B） | 政（209） | |
| （引用数） | | | |

| | | |
|---|---|---|
| | 10（18B） | 2（96） |
| | 10（22A） | 2（99） |
| | 16（11B） | 3（73） |
| | 16（13B） | 3（75） |
| | 17（14A） | 3（96） |

| | | |
|---|---|---|
| | 21（6B） | 4（18） |
| | 21（7A） | 4（19） |
| | 22（3B） | 4（28） |
| | 28（10B） | 5（42） |
| | 30（1A） | 5（64） |
| | 39（5B） | 6（98） |
| （引用数） | | 15 |

Ⅱ　謝承『後漢書』

| | | |
|---|---|---|
| | 13（20B） | 3（24） |
| （引用数） | | 1 |

Ⅲ　薛瑩『後漢記』

| |
|---|
| ナシ |

Ⅳ　華嶠『後漢書』

| | | |
|---|---|---|
| | 16（16A） | 3（77） |
| （引用数） | | 1 |

Ⅴ　張璠『後漢紀』

| | | |
|---|---|---|
| 『漢記』 | 16（15B） | 3（76） |
| （引用数） | | 1 |

Ⅵ　張瑩『後漢南記』

| |
|---|
| ナシ |

Ⅶ　司馬彪『続漢書』

| | | |
|---|---|---|
| 司馬彪曰 | 2（13A） | 1（24） |
| 〃 | 3（15B） | 1（49） |
| 〃 | 3（18B） | 1（52） |
| 司馬彪郡国志 | 5（1A） | 1（76） |
| | 5（11A） | 1（83） |
| 郡国志 | 5（16B） | 1（87） |
| 司馬彪曰 | 5（18B） | 1（89） |

| | | |
|---|---|---|
| 郡国志 | 6（2A） | 2（2） |
| 司馬彪曰 | 6（17B） | 2（14） |
| 郡国志 | 7（5B） | 2（26） |
| 〃 | 7（10B） | 2（30） |
| 〃 | 9（5A） | 2（60） |
| 〃 | 9（13B） | 2（67） |
| 〃 | 10（6A） | 2（87） |
| 〃 | 10（9B） | 2（90） |
| 〃 | 10（27A） | 2（102） |
| 〃 | 11（6A） | 2（107） |
| | 14（1B） | 3（26） |
| 司馬彪所謂 | 15（11A） | 3（54） |
| 郡国志 | 15（13B） | 3（55） |
| 〃 | 15（16A） | 3（58） |
| 〃 | 15（19A） | 3（60） |
| | 16（1B） | 3（64） |
| 郡国志 | 16（21B） | 3（81） |

| | | |
|---|---|---|
| 郡国志 | 20（1B） | 4（1） |
| | 20（7B） | 4（6） |
| 司馬彪曰 | 21（3B） | 4（15） |
| 郡国志 | 21（4B） | 4（16） |
| | 21（5B） | 4（17） |
| 郡国志 | 21（8A） | 4（19） |
| 司馬彪曰 | 22（3B） | 4（28） |
| 〃 | 22（12B） | 4（36） |
| 郡国志 | 22（22A） | 4（44） |
| 〃 | 22（30A） | 4（50） |
| 〃 | 24（3A） | 4（71） |
| 司馬彪曰 | 29（17B） | 5（63） |
| 〃 | 30（11B） | 5（73） |
| 郡国志 | 31（9B） | 5（87） |
| 司馬彪以為 | 31（13A） | 5（89） |
| 五行志 | 38（8B） | 6（84） |

（引用数）　40

## Ⅷ　謝沈『後漢書』

| | | |
|---|---|---|
| 『漢書』 | 31(10A) | 5(87) |
| | 31(12A) | 5(88) |
| (引用数) | | 2 |

## Ⅸ　袁宏『後漢紀』

| | | |
|---|---|---|
| 袁宏謂 | 26(4A) | 5(4) |
| (引用数) | | 1 |

## Ⅹ　袁山松『後漢書』

| | | |
|---|---|---|
| 郡国志 | 5(1B) | 1(76) |
| 〃 | 6(6B) | 2(5) |
| 〃 | 9(5A) | 2(60) |
| 〃 | 10(27A) | 2(102) |
| 〃 | 20(1B) | 4(1) |
| 〃 | 23(6A) | 4(59) |
| 〃 | 26(26A) | 5(22) |
| 袁山松曰 | 34(3B) | 6(18) |
| 〃 | 34(4B) | 6(19) |
| 〃 | 34(5B) | 6(20) |
| 〃 | 34(5B) | 6(20) |
| 袁山松為 | 34(7A) | 6(22) |
| 袁山松言 | 34(7B) | 6(22) |
| 袁山松云 | 37(9A) | 6(66) |
| 〃 | 37(9B) | 6(66) |
| (引用数) | | 15 |

## Ⅺ　范曄『後漢書』

| | | |
|---|---|---|
| | 2(26A) | 1(32) |
| 范曄賛曰 | 5(14B) | 1(86) |
| 『漢書』 | 11(5B) | 2(107) |
| 范曄云 | 20(6A) | 4(5) |
| 『漢書』 | 23(2B) | 4(56) |
| (引用数) | | 5 |

# 〈備　考〉

## 失名氏『後漢書』

| | | |
|---|---|---|
| 後漢西羌伝 | 2（26A） | 1（32） |
| 『後漢書』 | 5（21B） | 1（91） |
| 後漢郡国志 | 6（30A） | 2（22） |
| 〃 | 8（16A） | 2（50） |
| 後漢書郊祀志 | 15（20B） | 3（62） |
| 〃百官志 | 16（20A） | 3（80） |
| 後漢郡国志 | 18（4B） | 3（100） |
| 『後漢書』 | 21（4A） | 4（16） |
| 後漢郡国志 | 21（8A） | 4（19） |
| 〃 | 39（8B） | 6（102） |
| （引用数） | | 10 |

## 「郡国志」

| | |
|---|---|
| 3（9A） | 1（45） |
| 4（12A） | 1（64） |
| 5（14B） | 1（86） |
| 5（23A） | 1（92） |
| 5（25A） | 1（94） |
| 5（28A） | 1（96） |
| 7（6B） | 2（27） |
| 7（15B） | 2（34） |
| 8（1B） | 2（38） |
| 8（4B） | 2（40） |
| 8（5A） | 2（41） |
| 8（5B） | 2（41） |
| 8（17B） | 2（51） |
| 8（18B） | 2（51） |
| 8（19B） | 2（52） |
| 9（6A） | 2（61） |

| | | | | | | | | | | | | | | | | | |
|---|---|---|---|---|---|---|---|---|---|---|---|---|---|---|---|---|---|
| 9（20B） | 9（24A） | 10（10B） | 11（18A） | 11（22A） | 12（7A） | 14（24A） | 19（15A） | 19（21A） | 22（16A） | 23（1B） | 23（3A） | 23（6A） | 24（20A） | 24（24A） | 25（18B） | 25（20A） | 25（20B） |
| 2（73） | 2（76） | 2（90） | 2（117） | 2（120） | 3（6） | 3（43） | 3（114） | 3（120） | 4（39） | 4（55） | 4（57） | 4（59） | 4（86） | 4（89） | 4（106） | 4（107） | 4（107） |

| | | | | | | | | | | | | | | | | | |
|---|---|---|---|---|---|---|---|---|---|---|---|---|---|---|---|---|---|
| 26（2B） | 26（4A） | 26（8B） | 26（25A） | 26（25A） | 28（3B） | 28（6A） | 28（11A） | 29（17A） | 30（11A） | 31（8A） | 31（9A） | 31（13B） | 31（16A） | 31（16B） | 31（19A） | 40（4A） | （引用数） |
| 5（2） | 5（4） | 5（7） | 5（21） | 5（21） | 5（36） | 5（38） | 5（42） | 5（62） | 5（72） | 5（85） | 5（92） | 5（92） | 5（92） | 5（95） | 6（112） | | 51 |

以上のように、三注所引の各種『後漢書』類を収集整理してみると、あらためてそこにいくつかの史料上の問題点が浮き彫りにされる。それらを三注ごとに大別して要約すると、およそつぎの諸点を指摘することができる。なお劉義慶と蕭子顕の『後漢書』は、これら三注の成立直前もしくは以後に修撰された史料であるから、当然のことながら、以下における点検の対象から除外することにする。

○『三国志』裴松之注

㈠、この『三国志注』には、劉珍等『東観漢記』、薛瑩『後漢記』、張瑩『後漢南記』、謝沈『後漢書』、范曄『後漢書』の五種類の『後漢書』類の引用が欠略している。このうち『東観漢記』の最後とされる祖本は、霊帝の熹平年間（一七二～一七七）に続成されたものであるから、その歴史叙述の対象は、当然、この年時までを下限とすることになる。一方、『三国志』の紀伝の初期に登場する〝英雄〟たちは、いうまでもなくこれ以降の時代に活躍した人物に限定されるから、その史料内容の性格上、前者の逸文が後者に引用されること自体、すでにその必然性に乏しかったはずである。㈡、前述のように、『三国志注』は、宋の元嘉六年（四二九）に集撰された史料であるが、これに対して范曄『後漢書』は、同九年（四三二）以降に完成したと推定されるから、後者の成立は前者のそれに遅れること三年余ののちのことになる。したがってこの范曄『後漢書』からの逸文が、裴松之注の中に一例も見出し得ないのは、むしろ当然のことといわなければならない。しかし同じく宋の元嘉年間（四二四～四五三）の初期に編纂されたという事情から考えると、『三国志注』所引の各種の『後漢書』類は、范曄が『後漢書』を執筆するさいに、当時、後漢の歴史についてどのような史料が残存し、流布していたかという問題をめぐって、ある程度その輪郭を知る上に参考になるであろう。㈢、その意味から、『世説新語注』や『水経注』と比較して、謝承『後漢書』、華嶠『後漢書』、張璠『後漢紀』の三書からの逸文が、ここに相当多数収録されているということは、南朝初期における『後漢書』類の残存や流布の状態の一端を暗示するものではなかろうか。

○『世説新語』劉孝標注

㈠、この『世説新語注』には、各種の『後漢書』類が平均して収録されているが、華嶠・袁山松・范曄による三種類の『後漢書』からの逸文を見出すことができない。このうち華嶠のそれは、『晋書』巻四四華嶠伝によると、「永嘉の喪乱に経籍遺没して、嶠の書の存する者五十余巻」と記されているから、西晋末期の懐帝の永嘉年間（三〇七～三一二）に、かなり散逸してしまったように推測される。華嶠『後漢書』の逸文が、その「譜叙」の二例を除いて、ここに全く引用されていないのは、そのような事情を反映したためであろうか。㈡、しかし范曄『後漢書』は、上述のように、宋の元嘉九年（四三二）以降に完成したと考えられるから、その成立は『世説新語注』のそれを遡ることほぼ六〇年の已往に属するはずである。にもかかわらず、前者の文章は後者の中に一例も採用されていない。この事実は范曄『後漢書』は、少なくともその編纂当初の南朝前期には、それほど高く評価され、重視されていなかったことを示唆するかもしれない。周知のように、范曄は宋の文帝の廃位を企て、そのクーデタに失敗して刑死するという生涯を送った人物である。あるいはそのような帝位転覆の首謀者としての閲歴が、その撰者を危険視させ、やがて敬遠させる結果となったのであろうか、その理由は不明である。梁の沈約（四四一～五一三）の『宋書』一〇〇巻は、斉の武帝の永明六年（四八八）に「奉勅撰」されているが、管見によるかぎり、この史書の中にも、范曄『後漢書』からの引用文は全く見出しがたい。

○『水経』酈道元注

㈠、この『水経注』には、前二注に比べて、『東観漢記』からの引用が数多く検索されるが、薛瑩『後漢記』、張瑩『後漢南記』、袁宏『後漢紀』の三種類の『後漢書』類からの逸文が全く欠落している。他方、これに対して、袁山松と范曄の『後漢書』の断簡が、ここにはじめて少なからず引用されていることに注目される。右の『世説新語注』と対比するとき、あるいは范曄『後漢書』の引用は、それに対する北朝と南朝による態度の相違を物語るものであろうか。㈡、しかしあらためて留意されることは、『水経注』には、前二書の注に収載されている袁宏『後漢紀』の文章が、「袁宏謂う」という一例を除いては、引用されずに欠如している点である。いうまでもなく、前者はその書名の示すように、地理書の一種であり、これに対して後者は編年体の歴史書であるから、本来「志」を欠くその史料の性格からして、『水経注』は袁宏『後漢紀』の文章を引用する必然性に欠けていたからであろう。

# あとがき

このように三注所引の各種『後漢書』類を整理し、個々に点検してみると、その引用の有無や頻度の問題を通して、そこに当該注釈や引用書目のもつ性格が、逆に露呈されているということができる。もちろん右のような検討は、以上のような単純な補考によって尽きるものではない。おそらく残されたいくつかの課題の中で、もっとも考察を必要とする問題点は、司馬彪『続漢書』をめぐる疑問であろう。以上の三注所引の各種『後漢書』類の表を一瞥して明らかなように、そこに引用される頻度の抜群に高い史料が、この史書であることはいうまでもない。このようなただ数量的視点のみから単純に結論付けるならば、これら三注の成立した南北朝時代において、きわめてひろく普及し尊重されていた後漢の歴史書こそ、まぎれもなく司馬彪『続漢書』であったといって過言ではないはずである。『晋書』巻八二司馬彪伝を見ると、

漢氏中興して建安に訖るまで、忠臣、義士亦以て昭著なり。而るに時に良史無く、記述煩雑なり。譙周已に刪除すと雖も、然れども猶未だ安順を尽くさず、以下亡欠する者多し。彪乃ち衆書を討論し、其の聞する所を綴り、世祖より起こして、孝献に終わるまで、年二百を編み、世十二を録し、上下を通綜し、庶事を旁貫して、紀志伝、凡そ八十篇を為り、号《なづ》けて続漢書と曰う。

と記される。おそらく同一の祖本にもとづく記述であろうが、再び『史通』古今正史篇に目を通すと、

泰始中、秘書丞司馬彪は、始めて衆書を討論し、其の聞する所を綴り、元を光武に起こし、孝献に終わるまで、世十二を録し、年二百を編み、上下を通綜し、庶事を旁引して、紀志伝、凡そ八十篇を為り、号けて続漢書と曰う。……。宋に至りて宣城太守范曄は、乃ち広く学徒を集め、旧籍を窮覧して、煩を刪り略を補い、後漢書を作る。凡そ十紀、十志、八十列伝、合して百篇と為す。会々曄は罪を以て収せられ、其の十志も亦未だ成らずして死す。是れより先、晋の東陽太守袁宏、漢氏の後書を抄撮し、荀悦の体に依りて、後漢紀三十篇を著す。世に漢の中興の史を言う者は、唯だ范と袁の二家あるのみ。

とあり、これら二書から推測されるように、それは後漢最初の光武帝から最後の献帝にいたるまで、「十二」代「二百」年にわたる沿革を「通綜」して、「紀志伝、凡そ八十篇」からなる完備された歴史書であった。また同時に、それは『文心彫竜』史伝篇に、

後漢の紀伝に至りては、源を東観に発す。袁（宏）、張（璠）の製《つく》りし所は偏駁倫《たぐい》あらず。薛（瑩）、謝（沈）の作は、疏謬にして信少なし。司馬彪の詳実、華嶠の準当の若きは、則ち其の冠なり。

と称賛さる一書でもあった。しかも范曄『後漢書』と相違して、『宋書』の中に数多く引用されているのはこの司馬彪『続漢書』であり、少なくとも南朝において、それがもっとも権威ある後漢の史書と見なされていたことは疑いない。それゆえにこそ、この史料は、梁の劉昭（五一〇年ごろ）によって、補注をほどこすだけの意義や価値があると見なされることになったはずである。しかし周知のように、司

馬彪『続漢書』は、このような一個の整然たる体例や巻数をもつ史書でありながら、いち早く散逸して、今日その完本は伝存することなく、わずかにその志のみが范曄『後漢書』に合刻されているにすぎない。

劉知幾の自序によると、『史通』が撰述されたのは、唐の中宗の景竜四年（七一〇）のことであるが、右の『史通』の末尾に、「世に漢の中興の史を言う者は、唯だ范（曄）と袁（宏）の二家あるのみ」と論断されるように、もはや唐初においては、それは後漢に関する第一の重要史料とは見なされなくなっていたらしい。それでは司馬彪『続漢書』はなにゆえいち早く褪色し、やがて亡逸して、現在まで残存し得なかったのであろうか。いいかえれば、范曄の執筆する前後に、後漢に関する十三種もの『後漢書』類が存在しながら、なにゆえ范曄『後漢書』のみが、司馬彪『続漢書』をはじめとするあまたの歴史書を〝凌駕〟し〝駆逐〟して、後漢唯一の紀伝体の正史として、最終的な栄誉を荷うことができたのであろうか。少なくとも『後漢書』をめぐる史料上の基本的な問題の一つは、おそらくこのような疑問の究明の中に求められるといってよいであろう。

最後に、山田英雄編『北堂書鈔引書索引』（文海出版社、一九七五年）および中津浜渉編『初学記引書引得』（彙文堂書店、一九七三年）によって、両書に引用される『後漢書』類を収集し、次頁の表のようにまとめることにした。

**〈表Ⅲ〉『北堂書鈔』『初学記』所引『後漢書』類**

| 史書名 | | 『北堂書鈔』別記 | 『北堂書鈔』引用数 | 『初学記』別記 | 『初学記』引用数 |
|---|---|---|---|---|---|
| Ⅰ | 劉珍等『東観漢記』 | 東観、東観記、東観書、東観伝、東観漢書 | 485 | 東観漢紀<br>東観紀 | 88 |
| Ⅱ | 謝承『後漢書』 | 謝承書、謝後書、謝後漢、謝漢書、謝承漢書、謝承後漢 | 235 | | 44 |
| Ⅲ | 薛瑩『後漢記』 | 漢書、漢紀、後漢書 | 4 | 後漢書<br>漢記 | 6 |
| Ⅳ | 華嶠『後漢書』 | 華嶠書、華後漢書、華漢書、華嶠後漢、華嶠后漢書、華嶠漢書 | 91 | | 10 |
| Ⅴ | 張璠『後漢紀』 | | 28 | 漢記 | 5 |
| Ⅵ | 張瑩『後漢南記』 | 漢南紀序 | 2 | 漢南記 | 4 |
| Ⅶ | 司馬彪『続漢書』 | | 329 | 続漢官志<br>続漢書 | 74 |
| Ⅷ | 謝沈『後漢書』 | | 0 | | 0 |
| Ⅸ | 袁宏『後漢紀』 | 袁後漢、袁山松後漢、袁山 | 1 | 漢紀 | 2 |
| Ⅹ | 袁山松『後漢書』 | 袁後漢、袁山松後漢、袁山松漢書 | 15 | | 4 |
| Ⅺ | 范曄『後漢書』 | 范後漢、范後漢書、范漢書、范曄後漢、范曄漢書、曄後書 | 109 | | 38 |
| | 失名氏『後漢書』 | 後光武紀 | 37 | | 36 |

# 付節三　漢代対策文書の研究
## ――董仲舒の対策の予備的考察――

### まえがき

前漢時代に創設された官吏登用選挙の一種である制科においては、皇帝と賢良・方正などの被察挙者との間に質疑応答が交わされ、それによって成績が判定されるのが原則であった。(1)『漢書』巻五六董仲舒伝を見ると、「武帝即位するや、賢良、文学の士を挙げること前後百数、而して仲舒は賢良を以て対策す」とあるように、董仲舒による儒学一尊の献言は、この賢良の科名の下に行なわれた対策文の中に見出される。したがって彼の思想や学問がどのような特色をもっていたかという問題について考察を試みるとき、それと同時に、その上言の手法とされた対策とは、そもそもどのような発言方式にもとづいて行なわれたかという問題についても、あらかじめ事前に顧慮されなければならない。換言すれば、彼の対策を研究の主題とするばあい、その理論の内容を明らかにするとともに、その上申がいかなる書式や文言にもとづいて施行されたかという問題を究明することが、必須の前提条件となるはずである。そしてその時点からあらためて董仲舒の献言それ自体について内容的に考察を試みるならば、この著名な対策をめぐって、別に新たな視点や解釈を加える余地が派生するのではなかろうか。しかし管見によるかぎり、このようないわば文書学的な観点から、董仲舒の対策に対して具体的な接近を試みた論考は、今日まで皆無であるといって過言ではない。

『文心彫竜』章表篇を見ると、

> 七略、芸文を按ずるに、謡詠すら必ず録す。章表奏議は、経国の枢機なり。然れども欠きて纂《あつ》めざる者あり。乃ち各々故事有りて、職司に在ればなり。前漢の表謝は、遺篇の存するもの寡《すく》なし。後漢の察挙に及んで、必ず章奏を試む。

と述べられるように、「章表奏議」のような「経国の枢機」は、元来、所管の「職司」によって秘蔵されていたために、「七略」や『漢書』巻三〇芸文志にも著録されることなく、それら「前漢」の「遺篇の存するもの寡」ないという状態にあった。

これと同様に、皇帝によって下付される詔策と賢良などによって上呈される対策は、それ自体、朝廷における問答という公的な性格をもつものであったから、通常、それらの文書は宮府の特定の部署に保管されるのが原則であった。また一般の行政文書とは根本的に相違して、その試験の問題と答案という性格から、それらは原則として門外不出とされ、一部に告示する必要性や民間に流布する蓋然性に欠けていたものと考えられる。

いうまでもなく、秦漢時代の記録については、いわゆる伝世拓本として、金石資料などが残存し、それらは同時代的な史料として比類のない価値をもっている。(2)また近年の考古学的な発掘調査によって、数多くの未知の文物が報告されているが、とくに簡牘や帛書などは、第一等資料として、当該時代史の研究に裨益する点が少なくない。(3)しかし右に述べたような文書の性格から、漢代の対策資料に関するかぎり、現在、それはいまだに一点も発見されるにいたっていない。(4)つまり既存資料や新出文物などの実物を媒体として、対策文書の研究を試行することは、今日、ほとんど期待できない状態にある。

とするならば、残された唯一の手段は、従来の文献史料にもとづいて、その手掛りを求める以外に解決の方法はない。いうまでもなく、その文献史料とは、班固『漢書』である。本書の付節一で言及したように、『史記』と比較して、『漢書』には前漢時代の官公文書をかなり正確に転写した記事が少なくないとされている。(5)事実、不十分ではあるが、そこには詔策と対策に密接する記事がいくつか散見するから、それらを収拾整理することによって、ある程度、対策全般に共通する「形式性と画一性」(6)を抽出し、復元することも不可能ではない。

もちろん『漢書』は対策文書をすべて忠実に伝え残しているわけではなく、節略がほどこされているのが通例であるから、(7)当然、そこには一定の史料的な限界が予測される。しかしいわゆる実物不在の当該時代史の文書的研究の狭間にあって、このような模索の方法も、あるいは有効な手段として、多少の意義や価値をもつものではなかろうか。

いうまでもなく、漢代の文書行政の一端について記録する数少ない史料の一つは、蔡邕『独断』(8)である。本書の付節二で紹介したように、漢代には、皇帝の命令として、策書・制書・詔書・戒書とよばれる四種の形式があったとされているが、そのうち当該の策書については、およそ左のように記されている。

> 策書。㈠、策とは簡なり。礼に曰く、百文に満たざれば、策に書せず、と。其の制、長さ二尺、短き者は之れに半ばす。其の次《じ》は一長一短、両編し、下に篆書を付す。㈡、年月日を起《た》て、皇帝曰くと称し、以て諸侯王、三公に命ず。㈢、其れ諸侯王、三公の位に薨ずる者も、亦《また》策書を以てす。其の行ないを誄諡《るいし》して之れを賜うこと、諸侯の策の如し。三公の罪を以て免ぜらるるも亦策を賜う。
> 文体は上策の如くにして隷書し、尺一の木を以て両行す。唯だ此れのみを異と為すなり。

右の記事に明らかなように、漢代の策書には、㈠として区分したように、まずそこに記載される文字の字数、簡牘の長短、それらを交互に編綴する特異な体裁、使用される字体などに一定の規則があった。また㈡の部分の示すように、まずそれは最初に発布する年月日を明記し、つぎに「皇帝曰く」の文言をもって起筆することが定められていた。そしてこれら二点を規準として、㈢の文章が示すように、諸侯王や三公の在位中の死亡や「罪免」にさいして発布される策書には、文体・字体・形体などに細則が付置されていた、等々のことが知られる。かつて筆者はこのうちの㈡の詔策の発端の文句に注目し、後述する鼂錯伝中の詔策の書法と対比検討した結果、対策にさいして皇帝が公布する詔策の策とは、『独断』

に記録される皇帝の命令の一種である策書の策と同一の文書に相当することを論証した。(9)

このような一定の文書様式は、法律制度を中心として、すでに戦国末期には成立していたらしい。たとえば『商君書』定分篇に、商鞅のことばとして、「問わんと欲する所の法令は、明らかに之れに告ぐ。各々尺六寸の符を為り、明らかに年月日時と問う所の法令の名を書し、以て吏民に告ぐ」と述べられているのは、その形体や書法などを規定した官公文書の片鱗と見なすことができる。また『雲夢睡虎地秦簡』の秦律十八種の一つに当たる行書律なども、戦国秦における文書行政の一端を示すものであろう。(10)このような秦制を継承して、漢代ではおよそ皇帝の詔勅類から通関書類にいたるまで、その規格や文言などがかなり厳格に定則化されていた事実も明らかにされている。(11)このような秦漢時代の文書行政の実状に思いをいたすとき、漢代の策書の記載方法に一定の規則が設けられていたことも、あながち異とするに足りないであろう。とするならば、それに対応する対策のばあいにも、当然、それと同様に遵守すべき所定の書式や文体が存在していたことが想定されるのである。

このような観点から、この一節は董仲舒の対策について検討するための準備として、以下、まず『漢書』の巻中に散在する三種類の対策文書を取り上げ、そこに共通して見出される質疑応答の準則を模索することにしたい。なお論証の煩雑化を避けるために、引用する文章は最少限にとどめて省略し、また詔策と対策の関係を明示するために、上段に前者を配し、下段に後者を置いた。そしてゴシック体の活字を使用することによって、両者の比較対照を容易ならしめるように配慮した。

## 一、鼂錯の対策

まず第一に取り上げるのは、『漢書』巻四九鼂錯伝に収載されるつぎの対策である。上段は文帝の詔策、下段は鼂錯の対策であり、それぞれ一部節略してある。

詔策

I〈前文〉

上親策詔之曰、惟十有五年九月壬子、皇帝曰、昔者、**大禹**勤**求賢**士、施及方外。……。近者献其明、遠者通厥聡、比善戮力、以翼天子。是以**大禹**能亡失徳、夏以長楙。**高皇帝**親除大害、去乱従、並**建豪英**、以為官師。為諫争、輔天子之闕、而翼戴漢宗也。……、今朕獲執天下之正、以承宗廟之祀。……。故詔有司、諸侯王、三公、……、各帥其志、以選**賢良**。

---

対策

I〈前文〉

錯対曰、平陽侯臣窋、汝陰侯臣竈、潁陰侯臣何、廷尉臣宜昌、隴西太守臣昆邪、所選賢良、太子家令臣錯、昧死再拝言。臣竊聞、古之賢主、莫不**求賢**、以為輔翼。故黄帝得力牧而為五帝（先）、**大禹**得咎繇而為三王祖、斉桓得管子而為五伯長。今陛下講于**大禹**及**高皇帝**之**建豪英**也。退託於不明、以**求賢良**、譲之至也。……、今臣窋等、迺以臣錯充賦、甚不称明詔**求賢**之意。臣錯屮茅臣、亡識知、昧死上愚対曰、

Ⅱ〈策問〉

(1)、明於国家之大体。

(2)、通於人事之終始。

(3)、及能直言極諫者。各有人数。

(4)、以匡朕之不逮。二三大夫之行、当此三道。朕甚嘉之。故登大夫于朝、親諭朕志。

(5)、大夫其上三道之要、乃永惟朕之不徳。

---

Ⅱ〈答問〉

(1)、詔策曰、明於国家之大体。愚臣竊以古之五帝明之。臣聞、五帝神聖、其臣莫能及、故自親事、……。此謂配天地、治国大体之功也。

(2)、詔策曰、通於人事之終始。愚臣竊以古之三王明之。臣聞、三王臣主倶賢、故合謀相輔、……。此明於人情終始之功也。

(3)、詔策曰、直言極諫。愚臣竊以五伯之臣明之。臣聞、五伯不及其臣。故属之以国、任之以事。……。此可謂直言極諫之士矣。……、而使得直言極諫、補其不逮之功也。……。

(4)、策曰、匡朕之不逮。愚臣何足以識陛下之高明、而奉承之。

(5)、詔策曰、永惟朕之不徳。愚臣不足以当之。

〔本来、答問(5)はここにあるべきものであるが、鼂錯伝の答問中では、答問(6)の後に置かれている〕。

(6)、**吏之不平、政之不宣、民之不寧、**四者之欠。

(7)、**悉陳其志、毋有所隠。**

Ⅲ〈後文〉

上以薦先帝之宗廟、下以興愚民之休利。著之于篇、朕親覧焉。……、大夫其正論、毋枉執事。烏虖戒之。二三大夫、其帥志毋怠。

---

(6)、詔策曰、**吏之不平、政之不宣、民之不寧。**愚臣竊以秦事明之。臣聞、秦始并天下之時、其主不及三王、臣不及其佐。……、此**吏不平、政不宣、民不寧**之禍也。……。

(7)、詔策曰、**悉陳其志、毋有所隠。**愚臣竊以五帝賢臣以明之。臣聞、五帝其臣莫能及。……。故各当其世而立功徳焉。……。譬之猶五帝之佐也。

Ⅲ〈後文〉

陛下不自躬親、而待不望清光之臣。臣竊恐神明之遺也。……。愚臣不自度量、竊為陛下惜之。昧死上狂惑屮茅之愚（臣）言。唯陛下戝（裁）択。

右の引用文のうち、上段・下段のⅠ・Ⅲは、ともに詔策と対策における前文・後文に相当する。そして一方の詔策のばあいは、その前文の最初と最後に、「上親《みずか》ら之れに策詔して曰く、……、と。……。各々其の志に帥《したが》い、以て賢良を選べよ」とあり、またその後文に、「之れを篇に著さば、朕親ら焉れを覧ん。……。大夫其れ正論して、執事に枉《おもね》ることを毋かれ。烏虖之れを戒めよや。二三の大夫、其れ志に帥いて怠ること毋かれ」とあるように、「親策」「親覧」「著篇」「正論」「帥志」などの文言が見出される。後述する公孫弘に対する詔策の後文中にも、同様に、「親覧」「著篇」「悉意正議」などの表現が散在する。また他方の対策のばあいは、その前文の最初と最後に、「昧死再拝して言う。……。臣錯は屮茅の臣にして、識知亡《な》きも、昧死して愚対を上《たてまつ》る」とあり、またその後文に、「昧死して狂惑屮茅の愚（臣の）言を上る。唯《た》だ陛下財択されよ」とあるように、「昧死」や「屮茅」などの用語がくりかえし使用されている。後掲の公孫弘の対策文の後文に、「臣弘愚戇にして、以て大対を奉ずるに足らず」とある結文も、これと同一の用法であると見なしてよい。おそらくこのような前文と後文は、定形化した修辞法であるために、その原文全体はほとんど採録されることなく、割愛省略されるのが一般であったであろう。しかしいずれにせよ詔策と対策の文章は、つねにこのような常套的な成句類を多用して作成されるものであったことに留意しておく必要がある。

しかし注目すべき問題は、これらの前文と後文の間に挟まれた詔策の策問および対策の答問との文中にある。すなわちそこには対策が行なわれるさいに、実際に取り交わされる質疑応答の原則が明らかにされていることである。そしてそれらを吟味整理してみると、それはおよそつぎの四点に要約することができる。

第一点は、対策者はただ詔策の主旨を汲んで、順序不同に解答を行なうのではなく、それぞれ策問を区分して、その条文ごとに自説を開陳していることである。すなわち策問と答問を(1)〜(7)に分別したように、詔策に応答するに当たって、まず賢良などの被察挙者ははじめに策問全体をいくつかに区分し、その区分された策問各自にそって、順次、意見を具申する。たとえば⑴のばあいを挙げると、策問に「国家の大体に明らかなり」とあるが、答問では「詔策に曰く」としてその短文を反復して示したのちに、あらためてそれに対する解答を行なっている。以下、⑵〜⑺のばあいも、すべてこれと同様の書式に準拠していることがわかる。ただし策問⑸の「永《ふか》く朕の不徳を惟《おも》え」という部分は、「吏の不平、政の不宣、民の不寧」とともに、「四者の欠」の一つに挙げられている条項であるから、その策問の順序からいえば、本来、それは答問⑹の前に置かれるべきものであるが、なぜかその後の答問⑺との間に換置されている。おそらく転写の間に生じた錯簡であろうが、このように策問をいくつかの条文に分割し、その箇条ごとに奏聞するところから、この方法は一般に「条奏」とよばれた。

この「条奏」の形式は、『漢書』巻八宣帝紀の本始四年（前七〇）四月の条に、

詔して曰く、蓋し災異なる者は、天地の戒めなり。朕は洪業を承け、宗廟を奉じて、士民の上に託せらるるも、未だ群生を和すること能わず。迺《さき》者に北海、琅邪に地震ありて、祖宗廟を壊せり。朕甚だ焉れを懼《おそ》る。丞相、御史は其れ列侯、中二千石と博く経学の士に問い、以て変に応ずるもの有らば、朕の逮《およ》ばざるを輔け、諱む所有る毋《な》かれ。三輔、太常、内郡国をして、賢良、方正各々一人を挙げしめよ。律令に蠲助して以て百姓を安んずるものあらば、条奏せよ。

と記されるように、賢良などを察挙するさいに、必ず用いられる対策の書式であった。また同巻七五翼奉伝に、「各々条奏して意を悉《つく》し、朕の過失を陳べ、諱む所有る靡《な》かれ」とあり、さらに同巻九元帝紀

の初元二年（前四七）三月と翌三年（前四六）六月の詔書に、ともに、「条奏して諱む所有る毋かれ」とされて、直言・極諫などの制科が施行されているが、これらはいずれも察挙の対策にさいしてつねに要求される「条奏」の好例であるといってよい。このように対策の書式においては、「条奏」がまず第一に厳守されるべき原則であった。

ついで第二点は、対策者は自己の解答が詔策のどの部分に相当するかということをあらかじめ明示するために、策問の内容をその答案の冒頭に引用していることである。そのばあい解答者は、それぞれ傍点をほどこしたように、「詔策に曰く」として策問の原文を〝鸚鵡返し〟のように正確に復唱し、そののちに「臣聞く」（「臣聞くに」、「臣聞くならく」）としてはじめて私見を上申するという方法をとる。たとえば(2)の事例を挙げると、策問に「人事の終始に通ず」とあるが、それを受けて、答問では「詔策に曰く、人事の終始に通ず、と」として、忠実に策問の一部を引用した上で、それに対する解答を提出している。残る(1)と(3)〜(7)の事例も、すべてこの形式に準拠していることは明らかである。ただし通常百名以上の応募者を擁する当時の筆記試験において、いかにして全員に策問の一々を復誦させ得たのか、その具体的なあり方については不明である。(12)しかしこのように詔策の文章の一部を反覆して上奏するところから、この方法は一般に「覆奏」とよばれる。鼂錯の答問の中に満遍なく見られるように、対策においては、この「覆奏」が第二に遵守すべき重要な原則とされていた。

さらに第三点は、策問に応答するにさいして、対策者はこのような「条奏」と「覆奏」を行なったのちに、各自圏点を付したように、「臣聞く」として、はじめて発言を開始していることである。たとえば(3)のばあいを見ると、策問に「能く直言、極諫する者」とある一節を受けて、答問では、「愚臣竊《ひそ》かに五伯の臣を以て之れを明らかにせん」と前置きして、「臣聞く、五伯は其の臣に及ばず。故に之れに属するに国を以てし、之れに任ずるに事を以てす、と」として、自己の見解を披瀝している。以下、(1)・(2)と(4)〜(7)の事例も、すべて同様にこの発言の文句を使用していることがわかる。のちに示す各種の対策にも共通して見出されることから判断すると、この「臣聞く」の二字が答問の書き出しの常用文言であったことがわかる。

最後に第四点は、対策者は「臣聞く」を発語として、策問に対して自らの意見を解答したのちに、再び「覆奏」を行なうことによって、その質問に対する結論めいた見解を示し、一たんその答問の文章に段落を置いて、一種の締め括りとしていることである。たとえば(6)の事例を挙げると、まず答問の最初に、「詔策に曰く、吏の不平、政の不宣、民の不寧、……、と」として策問を「覆奏」しているが、その末尾においても、また「此れ吏の不平、政の不宣、民の不寧の禍いなり」とそれを再述することによって、所与の策問に対する答案を結んでいる。以下、それぞれ傍線をほどこしたように、(1)〜(3)のばあいも、いずれもこのように「此れ……の功なり」という同一の言辞を使用しつつ、小節ごとの文を結んでいる。このように答問の条文ごとに短小の結文を示すという意味から、この形式を仮りに「小結」とよぶことにしたい。したがって対策においては、この「小結」もまた要求される体例の一種であったということができる。

以上に概観してきたように、鼂錯伝に記録される詔策と対策は、課試制による公的な質疑応答の形式を知る上に、きわめて貴重な素材を提供する。たとえば詔策の文章を取り上げると、まず前文の冒頭に、「惟れ十有五年九月壬子」という発令の年月日が明記され、ついで「皇帝曰く」と起筆されて、さらに「有司」以下察挙の有資格者の範囲が限定的に指示されている。また後文には、「烏虖之れを戒めよや」という策書の慣用句が存在する。このような詔文全体は、まさしく『独断』「策書」に規定される策書の文書形式に一致符合するものであり、対策それ自体がこの策書にもとづいて行なわれたことをまぎれもなく示している。

さらにその対策文の構成を吟味すると、その前文では、平陽侯曹窋以下、五名の察挙者の官位と名が列記されているが、このような異例ともいうべき連名の記事は、そもそもこの対策文が原文を節略することなく、それを忠実に転写したものであることを暗示する。そして彼ら五名の「選びし所の賢良、太子家令臣錯、昧死再拝して言う」と導言されたのちに、各自波線を付したように、五帝（黄帝）・三王（禹）・五伯（斉桓公）を先例として、論旨全体が展開される構文になっている。その構成はやや煩雑であるが、右の三者は策問⑷・⑸にいう「三道」に相当し、それぞれ答問⑴・⑵・⑶の解答と対応する。さらに別に策問⑸・⑹に出題される「朕の不徳」と「四者の欠」については、答問⑸・⑹で直答を避けたのちに、最後に答問⑺において、再び五帝・三王・五伯の業績を論ずることによって、長文の対策全体の総括としている。このようにこの対策の問答は首尾一貫して展開され、全体としてほぼ間然するところがない。[13] ちなみに『文選』巻三六文の王融「永明九年策秀才文五首」と任昉「天監三年策秀才文三首」には、それぞれ「三道の要」と「三道に当たる」という文言が散見するが、その「三道」とは圏点をほどこしたように、策問(4)・(5)にいう「三道」の用語を襲用したものである。[14] この一事によっても、鼂錯の対策が後世までいかに重視され、範例として尊重されたかということが想像できるであろう。

## 二、公孫弘の対策

つぎに第二に検討の対象となるのは、『漢書』巻五八公孫弘伝に掲載されるつぎの対策である。上段は武帝の詔策のほぼ全文、下段は公孫弘の対策の節略文に当たるが、本来ならば詔策・対策のⅠの前文に当たる部分が割愛されている。

詔策

上策詔諸儒。制曰、

Ⅱ〈策問〉

(1)、蓋聞、**上古**至治、**画衣冠**、**異章服**、**而民不犯**。

---

対策

弘対曰、

Ⅱ〈答問〉

(1)、臣聞、**上古**堯舜之時、不貴爵賞、而民勧善。不重刑罰、**而民不犯**。……、故**画衣冠**、**異章服**、

(2)、**陰**(イ)**陽和**、**五**(ロ)**穀登**、**六畜蓄**。**甘**(ハ)**露降**、**風**(ニ)**雨時**。**嘉**(ホ)**禾興**、**朱屮生**。**山不童**、**沢不涸**。**麟**(ヘ)**鳳在郊藪**、**亀竜**遊於沼。**河**(ト)**洛出図書**。**父**(チ)**不喪子**、**兄不哭弟**。……。朕甚嘉之。今何道而臻乎此。子大夫修先聖之術、明君臣之義、講論洽聞、有声乎当世。

(3)、問子大夫、天人之道、何所本始。吉凶之効、安所期焉。**禹湯水旱**、厥咎何由。**仁義礼知**、四者之宜、**当安設施**、**属統垂業**。(物鬼変化)。

(4)、天命之符、廃興何如。**天文地理**、**人事之紀**。

Ⅲ〈後文〉

子大夫習焉、其悉意正議、詳具其対、著之于篇。

---

而民不犯者、此道素行也。

(2)、臣聞之、気同則従、声比則応。……。故**陰**(イ)**陽和**、**風**(ニ)**雨時**。**甘**(ハ)**露降**。**五**(ロ)**穀登**、**六畜蕃**。**嘉**(ホ)**禾興**、**朱草**（ママ）**生**。**山不童**、**沢不涸**。此和之至也。……。故**父**(チ)**不喪子**、**兄不哭弟**。……。**麟**(ヘ)**鳳**至、**亀竜在郊**。**河**(ト)**出図**、**洛出書**。遠方之君、莫不説義、奉幣而来朝。此和之極也。

(3)、臣聞之、**仁**者愛也。**義**者宜也。**礼**者所履也。**智**者術之原也。……。凡此四者、治之本、道之用也。皆**当設施**、不可廃也。得其要、則天下安楽。……。此事之情、**属統垂業**之本也。

(4)、臣聞、堯遭鴻水、使**禹**治之。未聞**禹**之有**水**也。若**湯之旱**、則桀之余烈也。……。此**天文地理**、**人事之紀**。

Ⅲ〈後文〉

臣弘愚戇、不足以奉大対。

朕将親覧焉、靡有所隠。

この公孫弘の対策がいつ行なわれたかという年代については、これまで未詳とされているが、[15] ここではその問題については触れることなく、ただ対策の文書形式についてのみ再吟味することにしたい。

まず第一に、「条奏」の問題である。答問の全文を「臣聞く」（「臣之れを聞く」）の発言句によって区分したように、長短精粗の差はあるものの、そこには四種類の条文からなる「条奏」の様相が認められる。ただしまたそこにいくつかの混乱や破綻が露呈していることも推測される。たとえば策問(3)と(4)では、「天人の道、何にか本づき始まる所あらんや。吉凶の効《しるし》、安《いずく》んぞ期する所あらんや。……。天命の符、廃興何如《いかん》」と設問されながら、それらの三点について直接「条奏」している形跡は見当たらない。また同条では「禹湯の水旱」[16] の因由や「仁義礼知」の適宜などが質疑の対象とされているが、本来、答問(3)で解答すべき前者の質問が、答問(4)の中で論じられている。このように答問(3)・(4)には、明らかに脱落や錯簡があることが認められる。

また第二に、「詔策に曰く」の導言を欠如しているが、答問の各所に「覆奏」の形跡が看取される。しかし「条奏」のばあいと同様に、そこにはいくつかの不備や混乱も見受けられる。たとえば策問(2)は、「陰陽和し」以下「兄は弟を哭せず」にいたるまで、およそ十四か条の項目からなっているが、答問(2)はそれらを逐一正確に「覆奏」していない。すなわち前者の（イ）から（チ）までの順序が、後者では（イ）・（ニ）・（ハ）・（ロ）・（ホ）・（チ）・（ヘ）・（ト）の順序に置き換えて「覆奏」されている。しかも同じくこの策問では、「麟鳳郊藪に在り、亀竜沼に遊ぶ」の一節が、答問では、「麟鳳至り、亀竜郊に在り」と〝改作〟され、また同じ策問の「河洛図書を出だす」の五字が、答問では、「河は図を出だし、洛は書を出だす」の六字に書き改められている。とはいえ、このように順序不同で、一字一句正確ではないにせよ、答問が策問を「覆奏」していることはまちがいない。

つぎに第三に、答問(1)～(4)の条文のすべてが、「臣聞く」という対策の発語をもって起筆されていることは、あらためて指摘するまでもなかろう。

最後に第四に、鼂錯の対策ほど明白ではないが、そこに「小結」に相当する文章の断片を窺い見ることができる。傍線をほどこしたように、たとえば答問(1)の末尾の「故に衣冠に画き、章服を異にして、而も民犯さざるは、此れ道の素《もと》より行なわるればなり」という一節は、「覆奏」を行ないつつ一文に区切りを付けている点からいって、「小結」の一例と見なすことができる。また答問(2)に、「此れ和の至りなり」、「此れ和の極みなり」とあり、さらに同じく(3)に、「此れ事の情、統を属《つ》ぎ業を垂るるの本なり」とあり、同じく(4)に、「此れ天文地理、人事の紀なり」とある文言は、「覆奏」に立脚した「小結」の一種と見なすことが可能である。

以上の数点から推考すると、公孫弘のばあいには、詔策と対策との間に、かなりの脱文や錯簡の潜在することが容易に見てとれる。したがって『漢書』が確実な粉本にもとづいて、その原文を一々忠実に転写したわけではないようであるから、そこに対策文書として一定の限界があることは否定できない。

しかしこのように不統一で不完全な内容を内在させながらも、なおかつそこに前記の四点の条件を兼備していることは、対策文書には一定の書式や文体が厳存していたという事実を確認させる証拠になるはずである。

以上のように、鼂錯と公孫弘の二つの対策について吟味するとき、ここで指摘しておきたい点は、その各答問の内容が、いずれも過去の事例のみを取り上げて、解答を行なっているということである。たとえば前者においては、五帝・三王・五覇の事績を先例とし、また後者においては、堯・舜・禹を前例としているように、それらの答問はつねに「上古」を典範とし、けっして当面する「現在」を取り上げて論評することはない。したがってその解答の内容は、いきおい尚古的、抽象的であって、現実的、具体的な点に欠けることに注意しなければならない。このことはつぎに取り上げる杜欽の対策との時代的な相違を示すとともに、さらに董仲舒のそれを検証するさいに、一つの示唆をあたえることになることを記憶にとどめておきたい。

## 三、杜欽の対策

最後に『漢書』巻六〇杜欽伝に掲載される杜欽の対策を取り上げることにしよう。上段は成帝の詔策の全文、下段は杜欽の対策の抄録であるが、ともに前文と後文が完全に欠落している。

詔策

其夏、上尽召直言之士。詣白虎殿、対策、

Ⅱ〈策問〉

(1)、策曰、**天地之道**何**貴**。

(2)、**王者之法**何如。

(3)、**六経之義**何上。

(4)、**人之行**何**先**。

(5)、**取人之術**何以。

(6)、**当世之治**何**務**。各以経対。

---

対策

欽対曰、

Ⅱ〈答問〉

(1)、臣聞、**天道貴**信、**地道貴**貞。不信不貞、万物不生。生**天地之**所**貴**也。

(2)、**王者**承天地之所生、理而成之。昆虫草木、靡不得其所。**王者法**天地。

(3)、非仁無以広施、非**義**無以正身。克己就**義**、恕以及人。**六経之**所**上**也。

(4)、不孝、則事君不忠、涖官不敬。……。孔子曰、孝無終始、而患不及者、未之有也。孝**人行之**《ママママ》所**先**也。

(5)、観本行於郷党、考功能於官職。……。孔子曰、視其所以、観其所由、察其所安、人焉廋哉。**取人之術**也。

(6)、殷因於夏尚質、周因於殷尚文。……、孔子曰、

(7)、

悪紫之奪朱。**当世治之**所**務**也。

(7)、臣竊有所憂、……。臣聞、玩色無厭、必生好憎之心。好憎之心生、則愛寵偏於一人。愛寵偏於一人、則継嗣之路不広、而嫉妬之心興矣、如此則匹婦之説、不可勝（謀）也。唯陛下純徳普施、無欲是従。此則衆庶咸説、継嗣日広、而海内長安。万事之是非、何足備言。

---

一見して明らかなように、この詔策はただ(1)〜(6)の六つの短文の策問から成り立つのみである。したがって、本来、それは長文の対策文からなっていたはずであり、『漢書』に収録されるまでの時点において、相当大幅な削除や省筆がほどこされ、ただ最少限度の骨格のみが伝え残されたということは推測するまでもない。しかしこの僅少の文書の断片からも、対策文書の書式や文体の原則を探り出すことができる。

第一に、策問・答問の双方を(1)〜(6)に分離することが可能であるから、元来、それが「条奏」の様式を具備していたことはまちがいない。また第二に、たとえば策問(1)に、「策に曰く、天地の道は何をか貴ぶや」と垂問されているが、それに対して、答問(1)は、「天道は信を貴び、地道は貞を貴ぶ」云々と答えている。ということは、答問では「策に曰く」以下の条文を一々「覆奏」する必要がないために、それを省略してただ単に解答の要点のみを記したものと理解することができる。さらに第三に、答問(1)・(7)に「臣聞く」の二例が残存している。最後に第四に、たとえば答問(1)の末尾に、「生は天地の貴ぶ所なり」とあるように、「覆奏」しつつ設問に対する結論を示すという「小結」の体例も保存されている。そして以下、策問・答問(2)〜(6)の内容のすべてが、それぞれ相互に対応一致することが指摘できるのである。

しかしこのように極度に節略化された対策文のために、そこにいくつかの不備や脱落が露呈していることも、当然の結果というべきであろうか。たとえば答問(1)が「臣聞く」を起筆としている以上、以下(2)〜(6)の「条奏」の冒頭にも、当然、その文言が使用されなければならないはずであるが、おそらくそれは〝以下同文〟の形で省筆されたものと考えられる。しかしこのように極端に縮小化された文書でありながら、なおいぜんとして対策に不可欠な要素だけが明らかに残存していることは、かえって逆に対策本来の原則がそこに墨守されていることを裏付けるものであろう。

最後にこの対策において看過し得ない問題は、敢えて番号(7)を設けたように、「臣竊かに憂うる所有り」として、ここで詔策にない質問に対して解答が行なわれていることである。その答問全体の文意は、結局、成帝の「色を玩《もとあそ》ぶ」ことを戒め、早急に「継嗣」を設けるべきことを上言したものである。現存するすべての対策文書と比較するとき、このような内容をもつ対策は、きわめて特殊な事例に属するものと見なされるが、このさい注意しておきたい問題は、およそつぎの二点である。

その一は、右に述べたように、少なくとも察挙の対策に関するかぎり、そもそも臣下が皇帝の身辺の私事について意見を具申することなどは、通常一般にはあり得ないことである。したがってこのような内容をもつ答問それ自体がすでに異例な対策であると見なさなければならない。その二は、この対策の最後が、「唯だ陛下徳を純《もつぱ》らにして施を普《あまね》くし、……。万事の是非、何ぞ備《つぶ》さに言うに足らんや」として擱筆されていることである。杜欽伝を見ると、この対策以前にも、彼は大将軍王鳳に対して再度進言したり、また建始三年（前三〇）に実施された賢良・方正などの制科に察挙されて対策を行なったりしているが、それらの文面の中でも、「好色」や「広嗣」をめぐる問題が頻繁に取り上げられている。

以上の二点を起点にしつつ、このような事情を勘案すると、おそらく杜欽はこの直言による対策の機会を利用することによって、従来の自説をくりかえし主張し、結文の前に敢えて設問にない解答を付け加えたものと思われる。これまで眺めてきたように、鼂錯や公孫弘の対策文には、直接皇帝に対してその短所や欠陥を批判するような上言はなかった。むしろそのような批判を奨励するような策問に対しては、あらかじめその答問を回避するような発言すら示した。しかしこの杜欽の対策文に見られるように、前漢末期にいたると、このように直接皇帝に向かってその無道や不徳を〝あげつらう〟上言がなされるようになったことがわかる。実はこのような些末な考証は、将来、董仲舒の対策の全三策について検討するさいに参考に資する点があると思われるので、敢えて一言触れておくことにした。

## 四、後漢以後の対策

これまで検証してきたような対策の書式や文体は、当然、後漢時代にも踏襲されていたはずであるが、意外にも、前漢の事例のように、それを収録する記事は存在しない。『後漢書』では、その巻二九申屠剛伝以下四名の伝記に、(17)また袁宏『後漢紀』では、その巻一六安帝紀の永初三年（一〇九）三月の条所載の魯丕をはじめとする七名の伝記に、(18)それぞれの対策が収載されている。事実、『困学紀聞』巻一三攷史に、「魯丕の対策は袁宏紀に見ゆ。而るに范史は載せず」と述べられるように、当時の対策の多くは、『後漢書』よりも、むしろ「袁宏紀」、すなわち『後漢紀』に詳細に掲載されている。とはいえ、それらの中に、右のような対策の書式を伝える記事はない。また三国時代では、『三国志』巻二文帝紀注所引「献帝伝」に転載される献帝譲位のさいの策書をはじめとして、各書や注の文に合計約十例からなる策書やその断簡を検出することができる。(19)しかし後漢・三国ともに、前漢の対策の書式や文体を窺わせるに足る記事は、一例も収集することはできない。

そもそも策問の原文を項目ごとに「条奏」し、逐次「覆奏」したのちに、「臣聞く」と発言して、最後に「小結」の体裁をとるという方法は、一見無用で煩雑な作業であるから、後漢以後、実際の対策においては、それは自ずから省略され、やがて消滅してしまったのであろうか。おそらくそうではなく、このような対策一般の体例は、後漢・三国においてもなおいぜんとして遵守されていたにちがいない。しかしそれらを原史料にそって一々採録するのは不必要であるために、『後漢書』や『三国志』では、それらを改削して、その対策の主要な部分のみを正史の中に残したものと理解すべきであろう。このように理解する理由は、『漢書』に散在するような対策の書式や文体が、同様に西晋初期の史料の中にも再び見出されるからである。

その晋代の対策は、『晋書』巻五二の三名の伝記の中に一括して収められている。以下、要点のみに限定して、それらについて簡単に言及しておきたい。

まずその一は郤詵伝で、そこには武帝の泰始年間（二六五～二七四）に、賢良・直言の士に推挙された郤詵をめぐる詔策と対策の一部が、つぎのように掲載されている。

詔策

Ⅱ〈策問〉

(1)、詔曰、蓋太上以徳撫時、易簡無文。至于三代、礼楽大備。……。夫昔人之為政、革乱亡之弊、**建不刊之統**、**移風易俗**、**刑措不用**。豈非化之盛歟。**何修而嚮茲**。……。

(2)、**自傾戎狄内侵**、**災害屢**作、辺甿流離、征夫苦

対策

Ⅱ〈答問〉

(1)、詵対曰、……、策曰、**建不刊之統**、**移風易俗**。使天下洽和、**何修而嚮茲**、臣以為、莫大於択人而官之也。……。此所以**建不刊之統**、**移風易俗**、**刑措**而**不用**也。

(2)、策曰、**自傾夷狄内侵**、**災眚《ママ》屢**降、**将**所**任非其**

役。豈政刑之謬、**将**有司**非其任**歟。

Ⅲ〈後文〉

各悉乃心、究而論之、上明古制、下切当今。朕之失徳、所宜振補。其正議無**隠**。将敬聴之。

人乎。何由而至此。臣聞、蛮夷猾夏、則皐陶作士、此欲善其末、則先其本也。……。

Ⅲ〈後文〉

臣誠愚鄙、不足以奉対聖朝。……、臣懼不足也。……、以致知言臣則可矣。是以辞鄙不**隠**也。

---

右の策文によると、まず詔策の後文に、「其れ正議して隠す無かれ。将に之れを敬聴せん」とあり、また対策の後文に、「臣誠に愚鄙にして、以て対を聖朝に奉ずるに足らず。……。是こを以て辞は鄙なるも隠さざるなり」と述べられるように、そこに対策特有の典型的な慣用文が見出される。そしてまず一に、策問と答問を⑴と⑵に区分することが可能であるから、そこに「条奏」の形式が用いられている痕迹が明らかにされる。また二に、答問⑴・⑵にともに「策に曰く」の二字が存在するように、それがそもそも「覆奏」の原則を順守していることはまちがいない。さらに三に、答問の各自は「臣聞く」という書き始めの文言を使用している。そして最後に四に、答問⑴では文頭で「覆奏」を行なったのちに、その文末で「此れ不刊の統を建て、風を移し俗を易え、刑措《お》きて用いざる所以なり」と述べて文を結んでいるが、これは明らかに「小結」の文体を示すものである。このように郤詵伝の対策文は比較的よく保存されている史料の一つと見なすことができるが、それによって、晋代の対策の書式や文体が漢代のそれらをほぼ完全に伝え残していることが、あらためて確認されるのである。

『晋書』に収録される対策のその二は、同阮种伝で、そこには右の郤詵と同年の「賢良に挙げら」れ、二度にわたって対策を行なった彼の事績が記録されている。そのうち最初に行なわれた対策の要点を左に掲げることにする。

詔策

Ⅰ〈前文〉

策曰、在昔哲王承天之序、光宅宇宙。……。其各悉乃心、以闡喩朕志。深陳**王道之本**、勿有所隠。朕虚心以覧焉。

Ⅱ〈策問〉

(1)、又問、**政刑**不**宣**、**礼楽**不立。

(2)、又問、**戎蛮猾夏**。

(3)、又問、咎徴作見。

(4)、又問、**経**化之**務**。

対策

Ⅰ〈前文〉

种対曰、夫天地設位、聖人成能、**王道**至深、所以行化至遠。……。斯誠群黎之所欣想盛徳、而幸望休風也。

Ⅱ〈答問〉

(1)、対曰、**政刑**之**宣**、故由乎**礼楽**之用。……。

(2)、対曰、**戎蛮猾夏**、……。臣聞、王者之伐、有征無戦。懐遠以徳、不聞以兵。……。

(3)、対曰、陰陽否泰、六沴之災、則人主修政以禦。……。

(4)、対曰、夫**王道之本**、**経**国之**務**、必先之以礼義。……。

(5)、又問、将使**武成**七**徳**、**文**済九**功**、何路而臻于茲。凡厥庶事、曷後曷先。

(5)、対曰、夫**文武**経**徳**、所以**成功**丕業。……、如此化流罔極、樹**功**不朽矣。

右の文中には、詔策の前文に、「其れ各々乃《なんじ》の心を悉《つく》し、……、隠す所有る勿かれ。朕虚心に以て焉れを覧ん」とあり、また省略した第二の対策の後文に、「故《もと》より愚臣の能く識る所に非ず。謹みて愚を竭《つく》して以て対う」と記されている。さらに策問(1)〜(5)のように、「又問う」として、箇条書き的に質問が下され、それに対して、答問(1)〜(5)では、「対えて曰く」として、それぞれ策問の一部を引用しつつ解答を試みているから、これまた「条奏」と「覆奏」の原則が維持されていることがわかる。ただし「臣聞く」の発語は一例のみであり、また「小結」に相当する部分が欠如するなど、多少の不備は散見するものの、これまた典型的な対策の文章であることは疑いない。

最後にその三に挙げられる史料は同華譚伝で、そこに武帝の太康年間（二八〇—二八九）に「秀才に挙げら」れた彼の対策が採録されている。その必要な部分だけを左に示すと、

武帝親策之曰、**今四海一統**、**万里同風**。……。対曰、臣聞、……。又策曰、……。対曰、臣聞、……。又策曰、……。対曰、臣聞、……。又策曰、……。対曰、臣聞、……。**今四海一統**、**万里同風**。……。賢儁之出、可企踵而待也。

という文章の体裁からなっている。前二者と同様に、この対策でもまた「条奏」が行なわれ、策問の「今四海一統し、万里風を同じうす」という一節が「覆奏」され、「臣聞く」の用例が頻出する。ただし

「小結」に相当する文面は見当たらないが、策問と答問の内容がほぼ完全に一致しているから、それが対策の原則をいぜんとして保持していることはまちがいない。したがって一時的な中断はあったかもしれないが、遅くとも西晋の初期までは、前漢の対策の書式や文体は、基本的にはほとんど変化することなく、原則として継承されていたと考えてよいであろう。

一九七五年、新疆省トゥルファンのカラホージャ古墳群九一号墓から、西涼の建初四年（四〇八）の紀年をもつ文書が発見された。(20) それは六片計七〇行の断片からなり、左右・上下の欠損が甚しいが、涼公李暠の策問と三名の秀才が奏上した答問から構成されているために、「秀才対策文」と命名されている。その詳細は各氏の報告や研究にゆずり、(21) ここではその書式と文体の特色のみを紹介しておきたい。

この対策文において注目されるのは、第一に、各秀才の答問が一問ごとに改行されていることであり、その体例が示すように、そこに「条奏」の原則が維持されている点である。そして第二に、策問と「臣諮」を起筆とする答問の一部に、

又問、昔**智伯囲**［下欠］、**不没者三板**。然後、――臣諮曰、臣聞、**智伯**之**囲**晋陽城、**不没者三板**。
［下欠］――……。頓首死罪。

とあるように、そこに「覆奏」が履行されている。さらに第三に、右の答問に見られるように、「臣聞く」という書き出しの文言が、これ以外にも五例存在する。最後に第四に、直接「小結」に相当する部分は見出しがたいが、答問各自の末尾が、「臣諮言う」や「頓首死罪」のような結文をもって段落とさ

れているのは、おそらくそれに似た筆法と見なしてよいであろう。また各対策が冒頭に前文を配置し、年月日を明記しているのも、既述のような策書の原則を追認することになる。このように当該文書を吟味してみると、多少の変形を示しつつも、前漢に成立し、晋代にも継承されていた対策の基本的方式が、なお五胡十六国の一国の中にも存続していたことが判明する。このような稀少価値をもつ物的資料が、今後、漢代の文物の発掘報告に登場する日が訪れるであろうか。

## あとがき

以上のように、前漢と西晋における対策をそれぞれ三例ずつ取り上げ、西涼の秀才対策を傍証資料として検討してきた結果、詔策と対策に規定されていた原則は、およそつぎのような書式と文体に要約することが可能である。

**〔詔策〕**〈前文〉（親策、策詔など）惟□□（年代）年□月□□（干支）、皇帝曰、……。〈策問〉（第一・第二……）
〈後文〉諭旨（親覧、著篇、勿有所諱など）

**〔対策〕**〈前文〉（昧死上言など）〈答問〉対曰、（条奏）、……、策曰、[策問第一の覆奏]、臣聞、……、[策問第一に対する覆奏形式の小結]、策曰、[策問第二の覆奏]、臣聞、……、[策問第二に対する覆奏形式の小結]、（以下、同様）〈後文〉謙辞（臣竊恐、臣愚戇など）

右の書式と文体から自ずから明らかにされることは、すでにたびたび言及してきたように、対策とはまず最初にその全体に前文を設け、つぎに答問として、「条奏」と「覆奏」の上言形式をとりつつ、「臣聞く」の起句を守って発言を開始し、各「条奏」の末尾に「小結」を配し、最後に全体を総括する後文を置く、という形式からなる公文書であったと約言することができる。史料として記録されるばあい、このうち前文と後文はしばしば省略されるので、結局、「条奏」「覆奏」「臣聞く」「小結」の四点が、実際に対策文書を構成する重要な要素であったと結論付けることが可能である。新旧の出土資料などによって即物的に検証するという、いわゆる〝物証〟が絶対的に不足する当該研究分野において、文書的に対策の書式や文体の輪郭を復元することができるのは、おそらくこの程度をもって限界としなければならないであろう。

しかし右に挙げる四点の基礎条件は、ただ対策文書にのみ該当する固有の方式ではない。たとえば「条奏」がその好例である。『漢書』巻一〇成帝紀の永始二年（前一五）二月の条を見ると、日蝕の発生にさいして、「省減して百姓に便安なる者有らば、条奏せよ」とあるのをはじめとして、『漢書』や『後漢書』の紀志列伝には、この用語が枚挙にいとまなく収集されるが、それらはいずれも箇条ごとに分別して上奏する方法を意味している。(22) したがって「条奏」とはただ対策にのみ限定される専用用語ではなく、さまざまの文書においても要求され、また後世にまで遵守された上言の方法でもあった。ちなみに前掲の『晋書』阮种伝と華譚伝に収載される策問は五題であり、また前掲の『文選』に「永明九年策秀才文五首」とあり、さらに西涼の「秀才対策文」も五問からなっているように、晋代以降、秀才などに対する詔策の策問は五題と規定されるようになったとされるが、[23] それは前漢に発生した「条奏」の形式が、のちに限定されて発展したものであろう。

「覆奏」もまた対策にのみ履行される専用形式ではない。周知のように、『史記』巻六〇三王世家褚少孫補を見ると、武帝の皇子の封王をめぐる制詔や上書の文章が具体的に引用されているが、そのばあい霍去病らの大官は、「制して曰く」という武帝の制詔の言辞をくりかえし「覆奏」しつつ、上疏を行なっている。[24] また『漢書』巻六武帝紀の元朔五年（前一二四）六月の条に、「詔して曰く」に導言される詔文は、『史記』巻一二一儒林列伝の序文を見ると、博士弟子の設置をめぐる公孫弘の上書の中に見出されるが、それは「制して曰く」以下の制詔の文章とほぼ一致することが指摘されているから、[25] このばあいも後者が前者を「覆奏」していることになる。さらに石刻資料を捜査すると、『隷釈』巻一孔廟置守廟百石卒史孔龢碑[26]にも、司徒・司空に宛てた国相による「覆奏」の碑文が収められている。このように「覆奏」は他の公的な文書にも散見するわけであるから、必ずしも対策にのみ独占される特異な筆法ではない。

さらに「臣聞く」という発語は、漢代の公文書のみならず、中国史上の各時代に共通する章奏類の冒頭の二字であるから、あらためて例示するまでもなく、これまた対策固有の特殊な用法ではない。しかし「臣聞く」を起語とする対策は、既述のように、前漢では鼂錯伝に五例、公孫弘伝に四例、杜欽伝に二例、西晋では郤詵・阮种の両伝に各一例、華譚伝に四例、西涼の「秀才対策文」では六例、合計二十三例が収集される。また『後漢書』と『後漢紀』には、ただ対策の答問が採録されているだけであるが、前者では巻二九申屠剛伝に一例、巻六二荀爽伝、巻六三李固伝に三例ずつ、後者では巻一八順帝紀上所載の馬融の対策に二例、同巻および巻二二桓帝紀下所載の張衡と劉淑の対策に各一例、合計十一例を検出することができる。このような調査の結果を重視するかぎり、対策の答問においては、原則として、「臣聞く」が一般に使用される起筆の文言であって、「臣案ずるに」や「臣敢えて言う」などのいわゆる「案語」は、一例も見出し得ないことに注意しておきたい。

第四の「小結」のような体例は、管見によるかぎり、他の文書には見られない結文の方法である。したがっておそらくそれは、ただ対策文書にのみ通用する独得の形式であったといってよいかもしれない。

ちなみに『唐大詔令集』巻一〇六政事「太和二年親試制挙人勅」に、

又曰く、俊乂用《もつ》て彰《あら》わる。漢魏以還、詔策時に作られ、我が唐に暨べり。遵いて故事と為す。是れに由りて善政惟れ乂《よろ》しく、魁能間々出づ。

と概観されているから、以上の対策に共通する四項目の基本形式は、原則的には大幅に改変されることなく、後世にまで継承されることになったのであろう。(27)

以上、『漢書』の中に残されている三例の対策を中心に、前漢における対策の書式と文体について、繁雑で無味乾燥な考証をくりかえしてきた。しかし漢代の史料として残存する対策文書の数はあまりにも少ない。したがってこれら少数の素材のみから対策の書式や文体の全容に接近するためには、かなり慎重な態度が必要であろう。しかし以上のような従来全く試行されることのなかった文書的な考察を基盤として、一つの仮説を立てることも無意味な作業ではないはずである。(28) とくにこのようにして析出された対策文書における必要条件は、董仲舒の対策に適用したばあい、一体、どのような問題点を導き出すことになるであろうか。それは今後に残された重要な課題の一つであり、この一節の最終的な目的がそこにあることはいうまでもない。

最初に挙げた『文心彫竜』議対篇は、つぎのように述べる。

又対策とは、詔に応《こた》えて政を陳ぶるなり。……。漢文（帝）中年、始めて賢良を挙ぐ。鼂錯の対策は、蔚《うつ》として挙首と為る。孝武の益々明らかになるに及んで、旁《あまね》く俊乂を求む。対策は第一を以て登庸し、射策《せきさく》は甲科を以て入仕せしむ。斯《こ》れ固《まこと》に賢を選ぶの要術なり。鼂氏の対を観るに、古今を証験し、辞は裁《すぐ》れて以て弁に、事は通じて贍《た》る。（董）仲舒の対は春秋を祖述し、陰陽の化に本づき、列代の変を究《きわ》む。煩なれども慁《みだ》れざるは、事理明らかなればなり。公孫（弘）の対は簡にして未だ博からず。然れども要を総《す》べて以て文を約し、事切《せつ》にして情挙がる。太常は下に居らしむるも、天子の上に擢んずる所以《ゆえん》なり。杜欽の対は略にして事を指し、辞は治を以て宣《の》べ、文の為に作らず。後漢の魯丕に及んでは、辞気質素、儒雅を以て策に中《あた》り、独り高第に入る。凡そ此の五家は、並びに前代の明範なり。

## 注

（1）福井重雅『漢代官吏登用制度の研究』第二章第五節察挙と対策の高第（創文社、一九八八年）を参照。

（2）とくに高文『漢碑集釈』（河南大学出版社、一九八六年）、永田英正編『漢代石刻集成』（京都大学人文科学研究所報告、同朋舎出版、一九九四年）などがそれである。漢代の石刻資料とその歴史や研究については、同右永田氏編著本文篇巻末の概説を参照。

（3）漢代の簡牘や帛書に関する概説史や研究史は数多く発表されているが、ここではその代表的な論著として、永田英正『居延漢簡の研究』序章中国簡牘研究の現状と課題（同朋舎、一九八九年）、大庭脩『漢簡研究』（同朋舎出版、一九九二年）、同氏編輯『漢簡研究の現状と展望』（関西大学出版部、一九九四年）、冨谷至「漢簡」（滋賀秀三編『中国法制史』基礎資料の研究所載、東京大学出版会、一九九三年）の四点を挙げておく。また『古代文化』四三（一九九一年）は、「中国秦漢時代の出土文字資料」を特輯号として、石刻・簡牘・帛書・墓誌などの新出土資料を概観していて、当該研究の入門的解題として便利である。なお張春樹「八十年来漢簡的発現、整理与研究」（『中央研究院第二届国際漢学会議論文集』所載、一九八九年）があり、また当該研究をめぐる近年の文献目録として、門田明「中国簡牘研究文献目録（一九〇三～一九九七年）」（大庭脩編『漢簡の基礎的研究』所載、思文閣出版、一九九九年）、石岡浩「秦漢簡牘研究の手引き」（『法史学研究会会報』五、二〇〇〇年）がある。

（4）飯山正雄「周代における簡策の形態とその書法について」（『日本中国学会報』三九、一九八三年）は、「一長一短に編連した冊命の冊は、現在なお一件の出土を見ない」と論ずる。また薛英群「漢簡官文書考略」（甘粛省文物工作隊他編『漢簡研究文集』所載、甘粛人民出版社、一九八四年）に、「査居延、敦煌漢簡中、有〝詔、制、勅〟書、唯不見〝策〟書」と断言される。なお秦漢時代の官公文書については、卜憲群「秦漢公文文書与官僚行政管理」（『歴史研究』一九九七―四）がある。

（5）呉福助『漢書採録西漢文章探討』付録（文津出版社、一九八八年）によると、「漢書所録西漢文章」の一一七〇篇中、詔令類は「凡そ五三九篇」、奏議類は「凡そ四八七篇」の計一〇二六篇で、全体の約八八パーセントを占めると数えられる。本書付節一班彪『後伝』の研究――『漢書』編纂前史――を参照。
（6）中村裕一『唐代制勅研究』（汲古書院、一九九一年）を参照。この表現はその序章（四頁以下）のそれによる。
（7）大庭脩『秦漢法制史の研究』第三篇第一章漢代制詔の形態（創文社、一九八二年）などの指摘による。
（8）『独断』の訳注として、福井重雅編『訳注　西京雑記・独断』（東方書店、二〇〇〇年）がある。策書の記事については、同書（二一八～二一九頁）を参照。
（9）注（1）所引福井著書第二章第四節察挙における対策を参照。
（10）李均明「秦文書芻議――従出土簡牘談起」（『出土文物研究続集』所載、文物出版社、一九八九年）の指摘による。なお秦律十八種については、江村治樹「雲夢睡虎地出土秦律の性格」（同氏『春秋戦国秦漢時代出土文字資料の研究』第三部第四章所収、汲古書院、二〇〇〇年）がある。
（11）注（7）所引大庭氏著書第三篇令に関する研究および第五篇公文書に関する研究などの指摘による。なお漢代一般の官公文書を取り扱った近年の概説に、汪桂海『漢代官文書制度』（広西教育出版社、一九九九年）がある。
（12）王力主編『古代漢語』修訂本第三冊第十単元古漢語通論（二三）（中華書局、一九八一年）によると、「這是応挙時由皇帝出題目、写在簡上、叫做策問。応挙者按題陳述自己的意見、叫做対策」と説明されているが、その詳細については不明。
（13）福井佳夫「『上奏文』の文体について――鄒陽の『獄中上書自明』を中心に――」（『日本中国学会報』三五、一九八三年）によると、鼂錯の対策は、『春秋』による理論展開は一切無く、ただ故事を論じていくだけのもの……であり、対策文としても画期的なものと言える」と評価されている。

（14）なおこの「三道」と関連して、『石林燕語』巻九を見ると、「漢は賢良を挙げるに、董仲舒自り以来、皆対策は三道。……」。唐に至りて始めて対策は一道」と述べられている。このばあいの「三道」は「三回の対策」の意味であろうが、漢代の対策が三回から成り立っていたという証拠はない。

（15）久村因「公孫弘の対策の年について」（『名古屋大学教養部紀要』一一、一九六七年）、平井正士「漢代儒学国教化の定説の再検討〔補説Ⅲ〕公孫弘の賢良対策の年次について」（『杏林大学医学部進学過程研究報告』三、一九七六年）などを参照。

（16）この公孫弘の答問中に、「未だ禹の水有るを聞かざるなり」と明言されるように、禹の在位中に洪水はなかったと説かれる。この問題については、岡本光生「『禹湯水旱』について」（『東洋の思想と宗教』一二、一九九五年）を参照。

（17）『後漢書』巻三九申屠剛伝、巻六二荀爽伝、巻六三李固伝、巻六五皇甫規伝

（18）『後漢紀』巻一六安帝紀魯丕、巻一八順帝紀上李固・馬融・張衡、巻一九順帝紀下皇甫規、巻二七桓帝紀下劉淑・荀爽の各伝。このうち李固・馬融・張衡の対策については、狩野直禎『後漢政治史の研究』第五章第二節三陽嘉二年の対策（同朋舎出版、一九九三年）の論考がある。

（19）注（1）所引福井著書第二章第四節察挙における対策を参照。

（20）「西涼建初四年秀才対策文」（『吐魯番出土文書』所載、文物出版社、一九八一年）を参照。

（21）新疆博物館考古隊「吐魯番哈喇和卓古墓群発掘簡報」（『文物』一九七八—六）、陸慶夫「吐魯番出土西涼《秀才対策文》考略——兼論漢晋隋唐時期策試制度的伝承——」（『敦煌学輯刊』一九八九—一）、大西康裕・関尾史郎「『西涼建初四年秀才対策文』に関する一考察」（『東アジア——歴史と文化——』四、一九九五年）などを参照。

(22) 中国古代における「条」の用法については、李均明「簡牘文書〝条〟与〝録〟考述」(注(3)所引大庭氏編著所載)を参照。

(23) 宮崎市定『九品官人法の研究——科挙前史——』第二編第二章魏晋の九品官人法(同朋舎、一九五六年)を参照。

(24) 注(7)所引大庭氏著書第三篇第四章史記三王世家と漢の公文書、永田英正「漢代の集議について」(『東方学報』京都四三、一九七二年)などを参照。

(25) 注(7)所引大庭氏著書第三篇第一章漢代制詔の形態の指摘による。

(26) その研究・解題として、労榦「孔廟百石卒史碑考」(同氏『労榦学術論文集』甲篇下冊五二所収、芸文印書館、一九七六年)、注(2)所引永田氏編著本文篇七〇「乙瑛碑」などを参照。

(27) 金子修一「南朝期の上奏文の一形態について」(東京大学東洋文化研究所『東洋文化』六〇、一九八〇年)は、これら「条奏」以下四つの形式のうちの「覆奏」に似た方法は、「宋代でもありえたと思われる」と推定しているが、おそらくかなり後世まで対策の原則とされたものであろう。

(28) 鷹取祐司「居延漢簡劾状関係冊書の復原」(『史林』七九—五、一九九六年)は、冊書の記載様式・使用文言などに一定の準則があることを考証し、送り状などの劾状を復元しているが、その論証は以上の考察に対しても有益な示唆をあたえる。

# 付録　漢代対策者一覧

〈前漢〉

| | 氏名 | 本貫 | 学問性行 | 帝名（年代） | 科名（成績） | 察挙者または団体名 | 察挙以前の略歴（状態） | 察挙直前の官位（状態） | 察挙直後の官位（状態） | 最高官位（最終） | 出典 |
|---|---|---|---|---|---|---|---|---|---|---|---|
| (1) | 鼂錯 | 潁川 | 学申商刑名 | 文帝（十五年） | 賢良（対策高第） | 平陽侯曹窋、汝陰侯夏侯竈、潁陰侯灌何、廷尉（某）宜昌、隴西太守公孫昆邪 | 太常掌故、太子舎人、門大夫、博士 | 太子家令 | 中大夫 | 御史大夫 | 史一〇一鼂錯列伝<br>漢四九鼂錯伝 |
| (2) | 公孫弘 | 菑川薛 | 学春秋雑説 | 武帝（建元一年）<br>武帝（元光五年） | 賢良<br>賢良（対策第一） | 菑川国<br>菑川国 | 薛獄吏 | （有罪免）<br>（移病免帰） | 博士<br>博士 | 丞相平津侯 | 史一一二平津侯列伝<br>漢五八公孫弘伝<br>『西京雑記』五 |
| (3) | 厳助 | 会稽呉 | | 武帝（建元初年） | 賢良（対策第一） | 会稽郡 | （厳忌子）<br>（族家子） | | 中大夫 | 会稽太守 | 漢六四上厳助伝 |
| (4) | 董仲舒 | 広川 | 少治春秋 | 武帝（建元？） | 賢良 | | 景帝博士 | 博士（？） | 江都相 | 膠西相 | 史一二一儒林列伝 |

| | | | | | | | | | | | |
|---|---|---|---|---|---|---|---|---|---|---|---|
| | | | | （元光？） | （対策） | | | | | | 漢五六董仲舒伝 |
| (5) | 魏相 | 済陰定陶 | 少学易 | 昭帝（始元？） | 賢良（対策高第） | 済陰郡（？） | 郡卒史 | 郡卒史 | 茂陵令 | 丞相高平侯 | 史二〇建元以来侯者年表褚少孫補 漢七四魏相伝 |
| (6) | 黄覇 | 淮陽陽夏 | 少学律令、従（夏侯）勝学尚書 | 宣帝（本始） | 賢良（高第） | 左馮翊宋畸 | 待詔、侍郎謁者、左馮翊二百石卒史、河東均輸長、河南太守丞、廷尉正、丞相長史（坐大不敬繫獄） | （因大赦出） | | 丞相建成侯 | 史二〇建元以来侯者年表褚少孫補 漢七五夏侯勝伝 漢八九循吏伝 |
| (7) | 蓋寛饒 | 魏郡 | 明経 | 宣帝（元康？神爵？） | 方正（対策高第） | | 郡文学孝廉＝郎 | 郎中 | 諫大夫 | 司隷校尉 | 漢七七蓋寛饒伝 |
| (8) | 谷永 | 長安 | 博学経書、於天官京氏易最密 | 成帝（建始三年） | 直言（？）（対策上第） | 太常陽城侯劉慶忌 | 長安小史、御史大夫掾属（五侯上客） | 太常丞 | 光禄大夫 | 大司農 | 漢六〇杜欽伝 漢八五谷永伝 漢一〇〇上叙伝 |
| (9) | 杜欽 | 南陽杜衍 | 少好経書 | 成帝（建始三年？） | 直言（？）（対策上第） | 合陽侯梁放 | 大将軍武庫令 | （乞骸骨去） | （病賜帛罷）後為議郎 | （優游不仕、以寿終） | 漢六〇杜欽伝 漢八五谷永伝 |
| (10) | 班斿 | 雁門楼煩 | 博学有俊材 | 成帝（建始？河平？） | 賢良方正（対策） | 左将軍史丹 | （班固従祖父） | | 議郎 | 右曹中郎将 | 漢一〇〇上叙伝 |

| | | | | | | | | | | | |
|---|---|---|---|---|---|---|---|---|---|---|---|
| ⑾ | 何　武 | 蜀郡郫 | 詣博士受業、治易 | 成帝（河平？） | 賢良方正（対策） | 太僕王音 | 射策甲科＝郎、光禄四行、鄠令 | （坐法免帰） | 諫大夫 | 大司空氾郷侯 | 漢八六何武伝 華志一〇上 |
| ⑿ | 王　嘉 | 右扶風平陵 | 明経 | 成帝（鴻嘉） | 敦樸能直言（対策） | | 射策甲科＝郎、光禄勲掾史、察廉南陵丞 | 察廉長陵尉（？） | 太中大夫 | 丞相新甫侯 | 漢八六王嘉伝 |
| ⒀ | 陳　咸 | 沛郡相 | 有異材抗直 | 成帝（元延？） | 方正（対策） | 紅陽侯王立 | 以（陳）万年任為郎、大将軍長史、冀州刺史、諫大夫、楚内史、北海・東郡・南陽太守、少府 | （坐免） | 光禄大夫 | （奏免、後数年立、有罪就国、憂死） | 漢六六陳万年伝 漢八四翟方進伝 |
| ⒁ | 杜　鄴 | 右扶風茂陵 | 従張吉学問、得其家書 | 哀帝（元寿一年） | 方正（対策） | 扶陽侯韋育 | 孝廉＝郎、大司馬衛将軍主簿、侍御史、涼州刺史 | （以病免） | （未拝病卒） | | 漢八五杜鄴伝 |
| ⒂ | 周　護 | | | 哀帝（元寿一年） | 賢良（対策） | | | | | | 漢九九上王莽伝上 |
| ⒃ | 宋　崇 | | | 哀帝（元寿一年） | 賢良（対策） | | | | | | 漢九九上王莽伝上 |
| | | | | 平帝 | | | 仕於州郡、光 | | | | 後八一独行伝 |

| | 氏名 | 本貫 | 学問性行 | 帝名（年代） | 科名（成績） | 察挙者または団体名 | 察挙以前の略歴（状態） | 察挙直前の官位（状態） | 察挙直後の官位（状態） | 最高官位（最終） | 出典 |
|---|---|---|---|---|---|---|---|---|---|---|---|
| (17) | 譙玄 | 巴郡閬中 | 少好学、能説易春秋 | （元始一年） | 敦樸直言（対策） | 大鴻臚左咸 | 禄四行＝郎、太常丞 | （以弟服去職） | 議郎 | 中散大夫 | 華志一・一二 続五 |
| (18) | 申屠剛 | 扶風茂陵 | 慕史鰌汲黯、渉猟書記、果於行義 | 成帝（元始）（対策） | 賢良方正 | 司空杜林（？） | 郡功曹 | 郡功曹（？） | （罷帰田里） | 〔後漢光武帝〕太中大夫 | 後二九申屠剛伝 東記一五 袁紀七 続三 華嶠『後漢書』 |

※記　史—『史記』　漢—『漢書』　華志—『華陽国志』　後—『後漢書』　続—司馬彪『続漢書』　東記—『東観漢記』　袁紀—袁宏『後漢紀』

## 〈後漢〉

| | 氏名 | 本貫 | 学問性行 | 帝名（年代） | 科名（成績） | 察挙者または団体名 | 察挙以前の略歴（状態） | 察挙直前の官位（状態） | 察挙直後の官位（状態） | 最高官位（最終） | 出典 |
|---|---|---|---|---|---|---|---|---|---|---|---|
| (1) | 魯丕 | 扶風平陵 | 居太学習魯詩、兼通五経、以魯詩尚書教授、為当世名儒 | 章帝（建初一年） | 方正（対策高第） | 大司馬劉寛 | 秀才（？）郡督郵功曹 | 郡功曹（？） | 議郎 | 侍中国三老 | 後二五魯恭伝・魯丕伝 東記一九、袁紀一六、続二 |
| (2) | 方儲 | 丹陽歙 | 暁風角占候、精孟氏易、通図讖、為章句 | 章帝（建初四年？）章帝 | 賢良方正（対策第一） | 丹陽太守周韶 | 孝廉 | | 郎中 | 洛陽令 | 続五行志一『歙県志』方儲 |

| | | | | | | | | | | | |
|---|---|---|---|---|---|---|---|---|---|---|---|
| | | | 善天文 | （建初五年） | 直言極諫（対策？） | | | | | | 伝、謝七 |
| (3) | 李法 | 漢中南鄭 | 博通群書、性剛有節 | 和帝（永元九年） | 賢良方正（対策） | | | | 博士 | 汝南太守 | 後四八李法伝、華志一〇下 |
| (4) | 戴封 | 済北剛 | 詣太学、師事東海申君 | 和帝（？） | 賢良方正直言之士有至行能消災伏異者（対策第一） | 済北郡大司農 | 孝廉光禄主事 | （遭伯父喪、去官） | 議郎 | 太常 | 後八一独行伝、謝六、『水経注』二二 |
| (5) | 養奮 | 鬱林 | | 和帝（？） | 方正（対策） | | | | | | 続五行志三『広州先賢伝』 |
| (6) | 施延 | 沛国蘄 | 少為諸生、明於五経、星官風角 | 安帝（永初？） | 有道（対策高第） | | | | | 太尉 | 後四六陳忠伝、謝七 |
| (7) | 王輔 | 東平平陸 | 学公羊伝、援神契 | 安帝（延光） | 有道（対策） | | 辟公府 | （隠居野廬） | 郎中 | 議郎 | 後八二上方術伝上、謝六 |
| (8) | 蘇章 | 扶風平陵（？） | 少博学、能属文 | 安帝（延光？） | 賢良方正（対策高第） | | | | 議郎 | 并州刺史 | 後三一蘇章伝、袁紀一九、謝一 |

| | | | | | | | | | | | |
|---|---|---|---|---|---|---|---|---|---|---|---|
| (9) | 馬融 | 扶風茂陵 | 才高博洽、少好学問、博通経籍、明経、解音声、著春秋三伝異同説、注孝経他、為通儒 | 順帝（陽嘉二年） | 敦樸（対策） | 城門校尉岑起 | 大将軍舎人、（遂不応命）、校書郎中、明経＝太子舎人、禁錮、河間王長史、郎中（移病去） | 郡功曹 | 議郎 | 南郡太守 | 後六〇上馬融伝 東記一二 袁紀一八・一九 続四、謝三 華書二 世説四 |
| (10) | 李固 | 漢中南鄭 | 少好学、学五経、博覧古今、明於風角星算、河図讖緯、遂究覧墳籍 | 順帝（陽嘉二年） | 敦樸（対策第一） | 衛尉賈建 | 郡挙、五察孝廉、再挙茂才（不応）、司空掾、五府連辟（皆辞） | （皆不就） | 議郎 | 太尉 | 後六三李固伝 東記二〇 袁紀二一 続四、謝三 張璠『漢記』 華志一〇下 |
| (11) | 張衡 | 南陽西鄂 | 少善属文、遂通五経貫六芸、著周官訓詁、性精微有巧芸 | 順帝（陽嘉二年） | 直言（対策） | | 孝廉（不行）、連辟公府（不就）、大将軍累召（不応）、公車特徴、郎中、尚書侍郎、太史令 | 太史令（？） | 公車司馬令 | 侍中 | 後五九張衡伝 袁紀一八・一九 続四 |
| (12) | 皇甫規 | 安定朝那 | 以詩易教授 | 沖帝 質帝 | 賢良方正（対策下第） | | 郡功曹、上計掾（謝病帰） | | 郎中（託疾免帰） | （後公車特徴）弘農太守寿成亭侯 | 後六五皇甫規伝 袁紀一九・二三 続四 謝四 |
| | | | 師事大尉朱 | | | | | | | | 後六五張奐伝 |

| | | | | | | | | | | | |
|---|---|---|---|---|---|---|---|---|---|---|---|
| (13) | 張奐 | 敦煌酒泉 | 寵、学欧陽尚書、減牟氏章句、博通五経、著尚書記難 | 桓帝（建和〜永興？） | 賢良（対策第一） | | 辟大将軍府（以疾去官） | （去官） | 議郎 | 大司農 | 東記二一、袁紀二三、続四、謝四、華書一 |
| (14) | 荀淑 | 潁川潁陰 | （荀子十一世孫）博学而不好章句、耽思経篇、少有高行 | 桓帝（永興二年） | 賢良方正（対策） | 光禄勲杜喬、少府房植 | 徴拜郎中、後再遷当塗長 | （去職還郷里） | 郎陵侯相（棄官帰） | | 後六二荀淑伝、袁紀二二、続四、袁山松『後漢書』、張璠『漢記』、魏志一〇荀彧伝、世説一『先賢行状』 |
| (15) | 劉淑 | 河間楽成 | 少好学、明五経 | 桓帝（永興二年） | 賢良方正（対策第一） | 司徒种暠 | 州郡礼請、五府連辟（並不就） | （隠居講授） | 議郎 | 虎賁中郎将 | 後六七党錮伝、袁紀二三、謝四 |
| (16) | 劉瑜 | 広陵広陵（？） | 少好経学、尤善図讖天文、歴算之術 | 桓帝（延熹八年） | 賢良方正（？）（対策高第） | 大尉楊秉 | 州郡礼請（不就） | （不就） | 議郎 | 侍中 | 後五七劉瑜伝、謝三『広陵列士伝』 |
| (17) | 荀爽 | 潁川潁陰 | （荀子十二世孫）幼好学、能通春秋、論語、著礼易伝、詩 | 桓帝（延熹九〜永興一年） | 至孝賢良（？）（対策） | 太常趙典 | 孝廉、徴命、（不応）、補博士（不至） | （不至） | 郎中 | | 後六二荀爽伝、袁紀二二・二六、続四 |

| | | | | | | | | | | |
|---|---|---|---|---|---|---|---|---|---|---|
| | | | 伝、尚書正義、春秋条例、作漢語、公羊問他 | 靈帝（光和一～二年） | 有道 | 司空袁逢 | （棄官去、党禁解）、五府並辟 | （南遁漢浜） | （不応） | （後公車徴）司空 | 張播『漢紀』魏志一〇荀彧伝 |
| (18) | 孔昱 | 魯国魯 | 少習家学（尚書） | 桓帝（？） | 方正（対策不合） | 太尉 | 大将軍辟（不応） | （未官？） | （謝病去） | （後公車徴、拝議郎）洛陽令 | 後六七党錮伝 |
| (19) | 謝弼 | 東郡武陽 | 中直方正 | 靈帝（建寧二年） | 有道（対策） | | | | 郎中 | 広陵府丞 | 後五七謝弼伝 謝三 |
| (20) | 陳敦 | 東海 | | 靈帝（建寧二年） | 有道（？）（対策） | | | | 郎中 | | 後五七謝弼伝 |
| (21) | 公孫度 | 遼東襄平 | | 靈帝（建寧二年） | 有道（？）（対策） | | | 郡吏（？） | 郎中尚書郎 | 幷州牧遼東侯 | 後五七謝弼伝 魏志八公孫度伝 |
| (22) | 檀敷 | 山陽瑕丘 | 少為諸生 | 靈帝（建寧？） | 方正（対策合時宜） | 太尉黄瓊 | 挙孝廉、連辟公府（皆不就）、博士徴（不就） | （立精舎教授） | （再遷）議郎 | 蒙令 | 後六七党錮伝 謝四 |

※記
後―『後漢書』　東記―『東観漢記』　華志―『華陽国志』　袁紀―袁宏『後漢紀』　続―司馬彪『続漢書』　謝―謝承『後漢書』
華書―華嶠『後漢書』　世説―『世説新語』　魏志―『三国志』魏書　呉志―『三国志』呉書

# 後　記

本書に収録した各論考の原載誌（書）は、つぎのとおりである。

第一節　『新語』考証・研究略史（原題「陸賈『新語』考証・研究略史」、『史観』一二七、一九九二年）

第二節　『新語』の真偽問題（原題「陸賈『新語』の真偽問題」、『集刊東洋学』七〇、一九九三年）

付節一　班彪『後伝』の研究――『漢書』編纂前史――（原題「班彪『後伝』浅議」、塩入良道先生追悼論文集『天台思想と東アジア文化の研究』所載、山喜房仏書林、一九九一年）

付録　『史記』『漢書』紀伝・世家対照表（新稿）

付節二　蔡邕『独断』の研究――『後漢書』編纂外史――（原題「蔡邕と『独断』」、『史観』一〇七、一九八二年）

付録　南北朝成立三注所引各種『後漢書』類索引・補考（原題同上、昭和六〇年度科学研究費研究成果報告書・研究代表者長澤和俊編『アジア史における年代記の研究』所載、一九八六年）

付節三　漢代対策文書の研究――董仲舒の対策の予備的考察――（原題「前漢対策文書再探――副題同上――」、『社会文化史学』三四、一九九五年）

付録　漢代対策者一覧（福井重雅『漢代官吏登用制度の研究』第二章第二節図表XI・XII、創文社、一九八八年より抜粋）。

本書に再録するに当たって、全文ともに大幅に書き改め、改訂・補正をほどこした。また英文目次の作成に当たっては、テリー・クリーマン氏（コロラド大学ボウルダー）の助力を得た。

なお本書は二〇〇一年度早稲田大学特定課題研究助成費（研究課題名「中国秦漢時代における史書・子書の基礎的研究」）による研究成果の一部である。また本書の出版にさいして、早稲田大学より平成十三年度学術出版補助費が交付されたことを付記する。

平成十三年（二〇〇一）五月

著　者

# A Study of the *Hsin-yü* 新語 of Lu Chia 陸賈

Chapter Ⅰ

A Brief History of Research and Studies on the *Hsin-yü*

Chapter Ⅱ

The Authorship and Authenticity of the *Hsin-yü*

Part 1

A Study of the *Hou-chuan* 後伝 of Pan Piao 班彪

－The Pre-history of the Compilation of the *Han-shu* 漢書－

Appendix

Table Comparing the Annals, Biographies and Hereditary Houses of the *Shih-chi* 史記 with the *Han-shu*

Part 2

A Study of the *Tu-tuan* 独断 of Ts'ai Yung 蔡邕

－Unofficial History of the Compilation of the *Hou-Han-shu* 後漢書－

Appendix

Indices and Supplemental Notes to the Histories of the Latter

Han Quoted in the Three Commentaries from the Period of the Northern and Southern Dynasties

Part 3

A Study of the Tui-t'se 対策 Documents of the Han Dynasty

－A Preliminary Study of the Tui-t'se of Tung Chung-shu 董仲舒－

Appendix

The List of Han Dynasty Tui-t'se Candidates

# 人名索引

## ア



## カ

## サ



## タ



## ナ



## ハ

# 書名索引

## タ



## ナ



## ハ



## マ

# 事項索引

**著者略歴**

福井　重雅　（ふくい　しげまさ）

1935年12月11日、東京都牛込区（現新宿区）に生まれる。1958年早稲田大学文学部史学科東洋史専修卒業。1966年早稲田大学大学院文学研究科史学（東洋史）専攻博士課程単位取得満期退学。1965年早稲田大学文学部専任講師、助教授を経て、現在同大学教授。大正大学講師。文学博士。

著書：『訳注　西京雑記・独断』（東方書店）、分担執筆「儒教の国教化」（『殷周秦漢時代史の基本問題』所載、汲古書院）、「学校」「選挙」（『中国思想文化事典』所載、東京大学出版会）

現住所：川崎市多摩区宿河原２－36－23

汲古選書29

陸賈『新語』の研究

平成十四年三月　発行

著　者　福井重雅
発行者　石坂叡志
印刷所　中台整版
　　　　モリモト印刷

発行所　汲古書院
〒102-0072　東京都千代田区飯田橋二－五－四
電　話　〇三（三二六五）九七六四
ＦＡＸ　〇三（三二二二）一八四五

ISBN4－7629－5029－7　C3322

# 汲古選書

既刊30巻

## 1 一言語学者の随想

服部四郎著

わが国言語学界の大御所、文化勲章受賞・東京大学名誉教授故服部先生の長年にわたる珠玉の随筆75篇を収録。透徹した知性と鋭い洞察によって、言葉の持つ意味と役割を綴る。

▼494頁／本体4854円

## 2 ことばと文学

田中謙二著

「ここには、わたくしの中国語乃至中国学に関する論考・雑文の類をあつめた。わたくしは〈ことば〉がむしょうに好きである。生き物さながらにうごめき、またピチピチと跳ねっ返り、そして話しかけて来る。それがたまらない。」（序文より）京都大学名誉教授田中先生の随筆集。

▼320頁／本体3107円

## 3 魯迅研究の現在

同編集委員会編

魯迅研究の第一人者、丸山昇先生の東京大学ご定年を記念する論文集を二分冊で刊行。執筆者＝北岡正子・丸尾常喜・尾崎文昭・代田智明・杉本雅子・宇野木洋・藤井省三・長堀祐造・芦田肇・白水紀子・近藤竜哉

▼326頁／本体2913円

## 4 魯迅と同時代人

同編集委員会編

執筆者＝伊藤徳也・佐藤普美子・小島久代・平石淑子・坂井洋史・櫻庭ゆみ子・江上幸子・佐治俊彦・下出鉄男・宮尾正樹

▼260頁／本体2427円

## 5・6 江馬細香詩集「湘夢遺稿」

入谷仙介監修・門玲子訳注　幕末美濃大垣藩医の娘細香の詩集。頼山陽に師事し、生涯独身を貫き、詩作に励んだ。日本の三大女流詩人の一人。

▼⑤本体2427円／⑥本体3398円好評再版

## 7 詩の芸術性とはなにか

袁行霈著・佐竹保子訳　北京大学袁教授の名著「中国古典詩歌芸術研究」の前半部分の訳。体系的な中国詩歌入門書。

▼250頁／本体2427円

## 8 明清文学論

船津富彦著

一連の詩話群に代表される文学批評の流れは、文人各々の思想・主張の直接の言論場として重要な意味を持つ。全体の概論に加えて李卓吾・王夫之・王漁洋・袁枚・蒲松齢等の詩話論・小説論について各論する。

▼320頁／本体3204円

## 9 中国近代政治思想史概説

大谷敏夫著　阿片戦争から五四運動まで、中国近代史について、最近の国際情勢と最新の研究成果をもとに概説した近代史入門。1阿片戦争 2第二次阿片戦争と太平天国運動 3洋務運動等六章よりなる。付年表・索引

▼324頁／本体3107円

## 10 中国語文論集　語学・元雑劇篇

太田辰夫著

中国語学界の第一人者である著者の長年にわたる研究成果を全二巻にまとめた。語学篇＝近代白話文学の訓詁学的研究法等、元雑劇篇＝元刊本「看銭奴」考等。

▼450頁／本体4854円

11

# 中国語文論集 文学篇

太田辰夫著

本巻には文学に関する論考を収める。「紅楼夢」新探／「鏡花縁」考／「児女英雄伝」の作者と史実等。付固有名詞・語彙索引

▼350頁／本体3398円

12

# 中国文人論

村上哲見著

唐宋時代の韻文文学を中心に考究を重ねてきた著者が、詩・詞という高度に洗練された文学様式を育て上げ、支えてきた中国知識人の、人間類型としての特色を様々な角度から分析、解明。

▼270頁／本体2912円

13

# 真実と虚構―六朝文学

小尾郊一著

六朝文学における「真実を追求する精神」とはいかなるものであったか。著者積年の研究のなかから、特にこの解明に迫る論考を集めた。

▼350頁／本体3689円

14

# 朱子語類外任篇訳注

田中謙二著

朱子の地方赴任経験をまとめた語録。当時の施政の参考資料としても貴重な記録である。「朱子語類」の当時の口語を正確かつ平易な訳文にし、綿密な註解を加えた。

▼220頁／本体2233円

15

# 児戯生涯 一読書人の七十年

伊藤漱平著

元東京大学教授・前二松学舎大学長、また「紅楼夢」研究家としても有名な著者が、五十年近い教師生活のなかで書き綴った読書人の断面を随所にのぞかせながら、他方学問の厳しさを教える滋味あふれる随筆集。

▼380頁／本体3883円

16

# 中国古代史の視点 私の中国史学(1)

堀　敏一著　中国古代史研究の第一線で活躍されてきた著者が研究の現状と今後の課題について全二冊に分かりやすくまとめた。本書は、1時代区分論　2唐から宋への移行　3中国古代の土地政策と身分制支配　4中国古代の家族と村落の四部構成。

▼380頁／本体3883円

17

# 律令制と東アジア世界 私の中国史学(2)

堀　敏一著　本書は、1律令制の展開　2東アジア世界と辺境　3文化史四題の三部よりなる。中国で発達した律令制は日本を含む東アジア周辺国に大きな影響を及ぼした。東アジア世界史を一体のものとして考究する視点を提唱する著者年来の主張が展開されている。

▼360頁／本体3689円

18

# 陶淵明の精神生活

長谷川滋成著

詩に表れた陶淵明の日々の暮らしを10項目に分けて検討し、淵明の実像に迫る。内容＝貧窮・子供・分身・孤独・読書・風景・九日・日暮・人寿・飲酒　日常的な身の回りに詩題を求め、田園詩人として今日のために生きる姿を歌いあげ、遙かな時を越えて読むものを共感させる。

▼300頁／本体3204円

19

# 岸田吟香―資料から見たその一生

杉浦　正著

幕末から明治にかけて活躍した日本近代の先駆者―ドクトル・ヘボンの和英辞書編纂に協力、わが国最初の新聞を発行、目薬の製造販売を生業としつつ各種の事業の先鞭をつけ、清国に渡り国際交流に大きな足跡を残すなど、謎に満ちた波乱の生涯を資料に基づいて克明にする。

▼440頁／本体4800円

20 グリーンティーとブラックティー
矢沢利彦著 「中英貿易史上の中国茶」の副題を持つ本書は一八世紀から一九世紀後半にかけて中英貿易で取引された中国茶の物語である。当時の文献を駆使して、産地・樹種・製造法・茶の種類や運搬経路まで知られざる英国茶史の原点をあますところなく分かりやすく説明する。
▼260頁／本体3200円

21 中国茶文化と日本
布目潮渢著
近年西安西郊の法門寺地下宮殿より唐代末期の大量の美術品・茶器が出土した。文献では知られていたが唐代の皇帝が茶を愛玩していたことが証明された。長い伝統をもつ茶文化ー茶器について解説し、日本への伝来と影響についても豊富な図版をもって説明する。カラー口絵4葉付
▼300頁／本体3800円

22 中国史書論攷
澤谷昭次著
先年急逝された元山口大学教授澤谷先生の遺稿約三〇篇を刊行。東大東洋文化研究所に勤務していた時「同研究所漢籍分類目録」編纂に従事した関係から漢籍書誌学に独自の境地を拓いた。また司馬遷「史記」の研究や現代中国の分析にも一家言を持つ。
▼520頁／本体5800円

23 中国史から世界史へ　谷川道雄論
奥崎裕司著 戦後日本の中国史論争は不充分なままに終息した。それは何故か。谷川氏への共感をもとに新たな世界史像を目ざす。
▼210頁／本体2500円

24 華僑・華人史研究の現在
飯島　渉編 「現状」「視座」「展望」について15人の専家が執筆する。従来の研究を整理し、今後の研究課題を展望することにより、日本の「華僑学」の構築を企図した。
▼350頁／本体2000円

25 近代中国の人物群像
―パーソナリティー研究―
波多野善大著
激動の中国近現代史を著者独自の歴代人物の実態に迫る研究方法で重要人物の内側から分析する。
▼536頁／本体5800円

26 古代中国と皇帝祭祀
金子修一著
中国歴代皇帝の祭礼を整理・分析することにより、皇帝支配による国家制度の実態に迫る。
▼340頁／定価本体3800円

27 中国歴史小説研究
小松　謙著
元代以降高度な発達を遂げた小説そのものを分析しつつ、それを取り巻く環境の変化をたどり、形成過程を解明し、白話文学の体系を描き出す。
▼300頁／定価本体3300円

28 中国のユートピアと「均の理念」
山田勝芳著 中国学全般にわたってその特質を明らかにするキーワード、「均の理念」「太平」「ユートピア」に関わる諸問題を通時的に叙述。
▼260頁／定価本体3000円

29 陸賈『新語』の研究　福井重雅著

秦末漢初の学者、陸賈が著したとされる『新語』の真偽問題に焦点を当て、緻密な考証のもとに真実を追究する一書。付節では班彪『後伝』・蔡邕『独断』・漢代対策文書について述べる。

▼270頁／本体3000円

30 中国革命と日本・アジア

寺廣映雄著　前著『中国革命の史的展開』に続く第二論文集。全体は三部構成で、辛亥革命と孫文、西安事変と朝鮮独立運動、近代日本とアジアについて、著者独自の視点で分かりやすく俯瞰する。

▼250頁／本体3000円

〈新刊〉

全譯　後漢書　本巻十八冊・別冊一

渡邉義浩編　国宝の上杉本『後漢書』を底本に、本紀・志・列傳・注をも含めた初の完全日本語譯。原文・訓読と解りやすい現代語譯で提供する。▼B5判上製／平均500頁／本巻本体各10000円

嘉靖本　古詩紀　全三巻・別巻一

興膳　宏監修・横山　弘・齋藤希史共編

六朝以前の詩を網羅した総集で、文学史的・資料的に極めて重要な書。精密に影印し関係資料を付録とし、解題・索引を加えて、利用の便を図るものである。別巻価未定

▼B5判上製／各巻平均500頁／本体各16000円

中国神話人物資料集　中島敏夫編

──三皇五帝夏禹先秦資料集成──　文献・金文・出土資料より歴史として扱うための基礎作業なる。神話にかかわる資料を集大成。神話を荒唐無稽な物語でなく歴史資料として扱うための基礎作業なる。

▼B5判上製／720頁／本体18000円

殷周秦漢時代史の基本問題

編集委員＝松丸道雄・古賀登・永田英正・尾形勇・佐竹靖彦

「中国史学の基本問題」シリーズ全4巻　完結

▼A5判上製／500頁／本体10000円

2　魏晋南北朝隋唐時代史の基本問題　10000円

3　宋元時代史の基本問題　10000円

4　明清時代史の基本問題　13000円

春秋左氏傳杜預集解　上册　岩本憲司著

初めて明らかにされた春秋左氏学の真髄──春秋三傳注の全訳完成へ。

▼B5判上製／780頁／本体22000円

箸の源流を探る　太田昌子著

中国古代における箸使用習俗の成立。文献や出土史料を駆使した初の研究。▼A5判上製／400頁／本体4800円

中国古典演劇研究　小松　謙著

中国元代以降の小説・唱いもの・演劇を含めた白話文学全体を描き出し、中国白話文学の盛衰史を明らかにする。

▼A5判上製／360頁／本体10000円

汲古書院

# 汲古叢書

| | | | |
|---|---|---|---|
| 1 | 秦漢財政収入の研究 | 山田勝芳著 | 16505円 |
| 2 | 宋代税政史研究 | 島居一康著 | 12621円 |
| 3 | 中国近代製糸業史の研究 | 曾田三郎著 | 12621円 |
| 4 | 明清華北定期市の研究 | 山根幸夫著 | 7282円 |
| 5 | 明清史論集 | 中山八郎著 | 12621円 |
| 6 | 明朝専制支配の史的構造 | 檀上　寛著 | 13592円 |
| 7 | 唐代両税法研究 | 船越泰次著 | 12621円 |
| 8 | 中国小説史研究－水滸伝を中心として－ | 中鉢雅量著 | 8252円 |
| 9 | 唐宋変革期農業社会史研究 | 大澤正昭著 | 8500円 |
| 10 | 中国古代の家と集落 | 堀　敏一著 | 14000円 |
| 11 | 元代江南政治社会史研究 | 植松　正著 | 13000円 |
| 12 | 明代建文朝史の研究 | 川越泰博著 | 13000円 |
| 13 | 司馬遷の研究 | 佐藤武敏著 | 12000円 |
| 14 | 唐の北方問題と国際秩序 | 石見清裕著 | 14000円 |
| 15 | 宋代兵制史の研究 | 小岩井弘光著 | 10000円 |
| 16 | 魏晋南北朝時代の民族問題 | 川本芳昭著 | 14000円 |
| 17 | 秦漢税役体系の研究 | 重近啓樹著 | 8000円 |
| 18 | 清代農業商業化の研究 | 田尻　利著 | 9000円 |
| 19 | 明代異国情報の研究 | 川越泰博著 | 5000円 |
| 20 | 明清江南市鎮社会史研究 | 川勝　守著 | 15000円 |
| 21 | 漢魏晋史の研究 | 多田狷介著 | 9000円 |
| 22 | 春秋戦国秦漢時代出土文字資料の研究 | 江村治樹著 | 22000円 |
| 23 | 明王朝中央統治機構の研究 | 阪倉篤秀著 | 7000円 |
| 24 | 漢帝国の成立と劉邦集団 | 李　開元著 | 9000円 |
| 25 | 宋元仏教文化史研究 | 竺沙雅章著 | 15000円 |
| 26 | アヘン貿易論争－イギリスと中国－ | 新村容子著 | 8500円 |
| 27 | 明末の流賊反乱と地域社会 | 吉尾　寛著 | 10000円 |
| 28 | 宋代の皇帝権力と士大夫政治 | 王　瑞来著 | 12000円 |
| 29 | 明代北辺防衛体制の研究 | 松本隆晴著 | 6500円 |
| 30 | 中国工業合作運動史の研究 | 菊池一隆著 | 15000円 |
| 31 | 漢代都市機構の研究 | 佐原康夫著 | 13000円 |
| 32 | 中国近代江南の地主制研究 | 夏井春喜著 | 20000円 |
| 33 | 中国古代の聚落と地方行政 | 池田雄一著 | (予)15000円 |
| 34 | 周代国制の研究 | 松井嘉徳著 | 9000円 |
| 35 | 清代財政史研究 | 山本　進著 | 7000円 |
| 36 | 明代郷村の紛争と秩序 | 中島楽章著 | 10000円 |
| 37 | 明清時代華南地域史研究 | 松田吉郎著 | 15000円 |
| 38 | 明清官僚制の研究 | 和田正広著 | (予)22000円 |